KB105845

인공지능 시대의
책 쓰기

인공지능 시대의 책 쓰기

발행일	2021년 6월 8일
지은이	차석호
펴낸이	차석호
펴낸곳	드림공작소
출판등록	2019-000005 호
주소	부산광역시 남구 수영로 298, 산암빌딩 10층 1001호 드림공작소
전화번호	010-3227-9773
이메일	veron48@hanmail.net

편집/디자인	(주)북랩
제작처	(주)북랩 www.book.co.kr

ISBN   979-11-91610-01-7 03300 (종이책)   979-11-91610-02-4 05300 (전자책)

인공지능에 맞서 나만의 콘텐츠로 살아남는 방법

인공지능 시대의 책 쓰기

차석호 지음

드림공작소

이제는 AI가
흉내낼 수 없는 것을 해야 한다

4차 산업혁명 시대에 접어들면서 많은 부분에서 기존에 인간이 하던 일자리가 기계로 대체되고 있습니다. 이것은 시간이 지나면 지날수록 더 심화될 것입니다. 이 속에서 우리는 생존 방법을 모색해야 합니다. 4차 산업혁명 시대에 '내가 생존할 수 있는 방법'은 무엇일까요? 바로 나만이 할 수 있는 일을 찾아, 전문가가 되는 것입니다.

전문가가 된다는 것은 독창성을 가지고 나만의 것을 하는 것입니다. 즉, 내가 잘하는 것을 찾아서 전문가가 되는 것입니다. 전문가가 되라고 하면 고개를 갸우뚱거리는 사람이 많습니다. 이들은 전문가라고 하면 박사 학위가 있고, 대학교수 정도 되어야 한다고 생각합니다.

이 말은 얼마 전까지만 해도 틀린 말이 아니었습니다. 미디어를 통해 볼 수 있는 전문가들은 예외 없이 박사 학위에 대학교수라는 직함을 가지고 있었습니다. 이들은 왜 전문가로 인정받을 수 있었을까요? 논문과 저서 같은, 사람들에게 보여줄 결과물을 가지고 있기 때문입니다. 특히 저서의 영향력은 컸습니다. 일반인에게 다가가기 쉬운 것이 책만큼 좋은 것은 없습니다.

그리고 당시에는 아무나 책을 출간할 수 있는 것이 아니었기에 책의 파급력은 그만큼 컸습니다.

지금은 시대가 바뀌었습니다. 마음만 먹으면 누구나 책을 출간할 수 있습니다. 이 말은 전문가가 되는 방법도 이전보다는 쉬워졌다는 것입니다. 내 이야기가 담긴 책을 출간하면 전문가로 인정받을 수 있는 시대입니다. 이런 기회에 책을 써서 전문가로 인정받는 것이 4차 산업혁명 시대를 살아갈 수 있는 방법입니다.

내가 이런 말을 하면 "인공지능이 책을 썼다는 뉴스를 봤는데, 책 쓰는 것도 인공지능으로 대체될 수 있지 않느냐?"라고 반문을 하는 사람도 있습니다. 뉴스에 나온 것처럼 인공지능이 책을 쓰는 것은 가능합니다. 빅 데이터에 지금까지 출간된 모든 책을 저장해 놓으면 거기서 마음에 드는 구절을 가져와서 글을 쓸 수 있습니다. 그런데 이것을 '인공지능이 책을 쓴다'라고 할 수 있을까요?

단연코 나는 아니라고 말합니다. 책은 작가의 독창성이 담긴 작품입니다. 작가의 시선을 통해 작가의 언어로 쓰는 것이 책입니다. 그리고 작가만의 경험이 담긴 것이 책이기 때문에, 이것을 다른 사람이 흉내낼 수 없는 것입니다. 이 말은 AI는 인간과 같은 경험을 할 수 없기에 독창성 있는 책을 쓸 수 없다는 것입니다.

책에는 인간만이 가지고 있는 독창성이 담겨 있고, 작가가 경험하고 깨달은 결과가 작가 특유의 언어로 표현되어 있기에 전문가로 인정받을 수 있는 것입니다. 만약 이것이 없다면 전문가로 인정받을 수 없습니다.

이 말은 책 쓰기는 인공지능이 흉내낼 수 없는 인간 고유의 영역이라고 말할 수 있습니다. 나는 대학교 때 컴퓨터과학을 전공하고 인공지능에 관심이 있어 관련 지식도

쌓았습니다. 게다가 '선태유'라는 필명으로 『인공지능의 미래 사람이 답이다』라는 책을 출간했습니다. 누구보다 인공지능에 대해서 잘 알고, 관련 책까지 출간한 사람이 '책 쓰기'는 인간만이 할 수 있다고 하면 근거가 있는 것입니다.

책에는 작가의 이야기가 담겨 있는데 똑같은 경험을 한 사람은 없습니다. 그렇기에 인간은 다양한 책을 쓸 수 있습니다. 하지만 반면에 인공지능은 같은 프로그램으로 설계되고, 같은 데이터베이스를 사용합니다. 이런 환경에서는 모두가 똑같은 것을 할 수밖에 없습니다. 그렇기에 인공지능은 개인마다 다른 경험을 할 수 없는 것입니다. 인공지능이 책을 쓸 수 없는 것도 이와 무관치 않습니다. 이 때문에 AI는 전문가가 될 수 없는 것입니다.

책을 쓰는 것은 인공지능이 흉내낼 수 없습니다. 4차 산업혁명 시대에는 AI가 할 수 없는 것을 하면서 살아가야 합니다. AI가 할 수 없는 것은 '전문가' 영역입니다. 전문가가 되기 위한 가장 쉬운 방법은 책을 쓰는 것입니다.

AI 시대 전문가로 살아가기를 원하십니까? 당신도 할 수 있습니다. 이제 당신의 책으로 전문가가 되기 바랍니다.

목차

 Part 1

왜 AI 시대에
책 쓰기인가?

Part 2

'책 쓰기'로
나만의 1인 플랫폼을 구축하라

Part 3

누구도 쓸 수 없는
나만의 책을 써라

'책 쓰기'의 궁극적인 목적은 '고객의 인생을 바꾸는 것'이다

Part 4

Part 5 책 쓰기가 내 인생의
터닝 포인트가 되었다

/ 에필로그 /

Part 1.

왜 AI 시대에
'책 쓰기'인가?

왜 AI 시대에 '책 쓰기'인가?

인공지능 시대에 당신의 직업은 안녕하신가요? 당신의 직업은 'AI'로 대체되지 않는 직업입니까?

4차 산업혁명 시대로 접어들면서 기존에 인간이 하던 많은 일자리가 기계로 대체되고 있습니다. 이런 현상이 가속화되면 기존에 인간이 하던 일자리 대부분이 사라질 것입니다. 이것은 거스를 수 없는 시대적 요구입니다. 이와 같은 시대적 흐름은 되돌릴 수 없다는 것은 역사를 통해 증명된 것입니다.

지난 18세기 1차 산업혁명 때, 산업의 패러다임이 공장제 수공업에서 공장제 기계공업으로 바뀌었습니다. 이전에 인간이 하던 일을 기계가 대체하게 되었고, 생산량도

기하급수적으로 늘어나게 되었습니다. 이런 상황에서 사업주는 더는 많은 직원이 필요치 않게 되었습니다. 이로 인해 많은 사람이 하루아침에 일자리를 잃게 되었습니다.

이 시기 직장을 잃었던 사람들은 기계를 파괴하면 고용주가 자신들을 고용할 것이라 생각했고, 이것이 표면으로 나타난 것이 기계 파괴 운동이라 불린 '러다이트 운동'입니다. 결과적으로 '러다이트 운동'은 실패로 끝났습니다. 여기서 얻을 수 있는 교훈은 '시대의 흐름은 되돌리지 못한다'라는 것입니다.

4차 산업혁명 시대도 마찬가지입니다. 시대의 흐름은 되돌릴 수 없습니다. 인간은 시대의 흐름에 맞춰서 살아가야 합니다. 이 속에서 오직 인간만이 할 수 있는 일을 찾아서 해야 합니다. 그렇다면 4차 산업혁명 시대에 인간이 할 수 있는 일은 어떤 것이 있을까요?

인간과 관련된 일은 인공지능으로 대체되지 않을 것입니다. 대표적인 것이 바로 전문가입니다. 어떤 분야의 전문가가 되기 위해서는 사람들에게 인정을 받아야 합니다. 즉, 인간과 관련이 있다는 것입니다. 그리고 어느 시대를 막론하고 전문가는 그 자체로 인정받았습니다. 이 말은 '전문가'는 사라지지 않는다는 것입니다.

　대표적인 것이 '기계를 설계하는 사람'입니다. 인간은 불을 사용한 이후로 도구를 사용해왔습니다. 도구가 발전한 것이 기계입니다. 그래서 기계를 설계하는 직업은 사라지지 않았습니다. 물론 과거에는 지금처럼 설계도를 그려서 하지 않았지만 설계하는 사람은 존재했습니다. 기계를 설계하는 직업이 사라지지 않는 이유는 기계를 사용하는 것도 인간이고, 기계를 필요로 하는 것도 인간이기 때문입니다. 인간은 기존에 있는 기계를 보다 편리하게 만들기 위해 재해석하고, 재창조하는 능력을 가지고 있습니다.

　4차 산업혁명 시대에도 마찬가지입니다. 전문가를 필요로 하는 곳은 사라지지 않을 것입니다. 전문가도 결국 인간에게 도움을 주는 직업이기 때문입니다. 그렇다면 전문가가 되기 위해서는 어떻게 해야 할까요?

　많은 사람이 '전문가'라면 '나와는 다른 세계의 이야기'라고 말합니다. 하지만 지금은 누구나 전문가가 될 수 있는 시대입니다. 내가 이런 말을 하면 "어떻게 누구나 전문가가 될 수 있냐?"라고 반문하는 사람이 있습니다. 그럴 때면 '책을 쓰면 된다'라고 말합니다.

내가 '전문가'로 인정받기 위해서는 사람들에게 보여 줄 수 있는 '신뢰성 있는 결과물'이 있어야 합니다. 그중 가장 대표적인 것이 바로 '책'입니다. 나 역시 『인공지능의 미래 사람이 답이다』라는 책으로 '전문가'로 인정받았습니다. '전문가'로 인정받는다는 것은 주변에서 '조언을 많이 구한 다'라는 것입니다. 그 이유는 AI에 대한 것을 내가 재해석 해서 내 것으로 만들어 책을 출간했기 때문입니다. 나는 책을 출간하기 전에는 조언을 해 준 적이 없습니다. 하지 만 책을 출간하고 나서 의사, 대학교수 등 각계각층으로부 터 조언을 요청받고 있습니다. 그만큼 책이 주는 공신력 은 큰 것입니다.

이것은 AI 시대에도 마찬가지입니다. '전문가'로 인정받 으려면 '결과물'이 있어야 하는데, 책보다 좋은 결과물은 없습니다. 그래서 나는 AI 시대일수록 "책을 써야 된다!" 라고 말합니다. 물론 내 책에는 '내 이야기'가 담겨 있어야 합니다. 즉, 나만의 경험과 깨달음이 있어야 합니다. 그렇지 않고 다른 사람의 이야기를 짜깁기하면 절대 '전문가'가 될 수 없습니다.

당신도 '당신 이야기'가 담긴 책으로 전문가가 될 수 있습니다. 지금도 늦지 않았습니다. 바로 시작하십시오.

AI가 책을 쓸 수 없는 이유

내가 사람들에게 많이 받는 질문 중의 하나가 바로 "왜 AI는 책을 쓸 수 없습니까?"입니다. 이 질문을 받을 때마다 몇 가지 이유를 들어 'AI는 책을 쓸 수 없다'라고 말합니다. 아무래도 이것은 두 번째 책 『인공지능의 미래 사람이 답이다』의 영향 때문일 것입니다. 내가 책을 출간하지 않았다면 아무리 인공지능 공부를 했다 하더라도 이런 질문을 받지 못했을 것입니다

'책'이라는 것은 단순하게 글자를 적는 것이 아닙니다. 내가 경험한 것, 내가 깨달은 것을 문자로 표현하는 것입니다. 분야를 막론하고 책에는 공통적으로 작가의 경험과 깨달음이 담겨 있습니다. 소설이나 시, 전문 서적 같은 경

우 경험이나 깨달음이 담기지 않았다고 생각하는 경우가 많지만 쓴 사람의 생각에 경험과 깨달음이 녹아있습니다. 그래서 모든 책에는 경험과 깨달음이 담겨 있습니다.

'경험과 깨달음'은 개인마다 시대마다 다 다릅니다. 나는 2002년 월드컵 때 친한 친구 한 명과 내기를 한 적이 있습니다. 개막전 경기인 '프랑스와 세네갈의 경기에서 누가 이길 것인지'를 두고 내기를 했습니다. 당시 나는 '세네갈이 이긴다'라고 했고, 친구는 '프랑스가 이긴다'라고 했습니다. 다들 결과는 알고 있겠지만 세네갈이 1-0으로 이겼습니다.

지금도 이 이야기를 하면 그는 표정이 좋지 않습니다. 그것은 내기에 진 기억이기 때문입니다. 반대로 나는 내기에 이겼으니 좋은 기억이라 웃으면서 이야기합니다. 이처럼 같은 장소에서 경험을 했다고 하더라도 느낀 것은 개인마다 차이가 있습니다. 이것은 여러 대의 기계가 있더라도 같은 프로그램이 설치되어 있고, 데이터베이스를 공유하는 컴퓨터로 이루어진 AI는 할 수 없습니다. 그래서 AI는 책을 쓸 수 없다는 것입니다.

이 말을 하면 "AI가 소설을 썼다는 뉴스를 봤는데, 이것은 어떻게 설명할 수 있나요?"라는 질문을 합니다. AI가 소설을 쓴 것을 살펴보면 빅 데이터에 담겨 있는 소설의 구절을 그대로 가져와서 짜깁기한 것에 불과합니다. 즉, 나만의 시각으로 내 생각을 표현한 것이 아닙니다. '책'은 내 생각을 문자로 표현하는 것이기에 반드시 내 생각이 들어가야 하는데 AI는 그렇게 할 수 없습니다. 또한 인간은 다른 작가의 글을 내 방식으로 재해석해서 나만의 것으로 만들 수 있지만 AI는 불가능합니다. 이것이 바로 궁극적으로 'AI'가 책을 쓸 수 없는 이유입니다.

책 쓰기 코칭을 할 때마다 느끼는 것이, 똑같은 생각을 가진 수강생이 없다는 것입니다. 같은 경험을 해도 저마다 깨달은 것이 다르기 때문입니다. 또한. 이것을 문자로 표현하는 방법도 제각각입니다. 그래서 책을 출간하면 전문가로 인정받는 것입니다.

책 쓰기를 통해 전문가로 인정받는다는 것은 'AI는 할 수 없다'는 뜻입니다. 즉, '4차 산업혁명 시대에도 내가 하는 일은 그 누구도 대체하지 못 한다'는 것입니다.

이제 당신이 전문가가 되는 차례입니다. 망설이지 말고 지금 시작하시기 바랍니다. 전문가는 AI가 대체하지 못합니다.

'재해석'과 '재창조', 책 쓰기의 키워드

인간이 창의적인 책을 쓸 수 있는 이유는 '재해석'과 '재창조'를 할 수 있는 능력을 가지고 있기 때문입니다. 그렇다면 '재해석'과 '재창조'를 하는 것은 '인공지능'은 할 수가 없을까요? 결론부터 말하자면 '재해석'과 '재창조'를 하는 능력을 인공지능은 가지고 있지 않습니다.

'재해석'과 '재창조'를 하는 능력은 기본적으로 추론을 하는 능력을 갖춰야 하는데, 추론을 하는 것은 정해진 답이 있는 것이 아니라 상황에 맞는 답을 찾는 것입니다. 이 때문에 yes/no로 답할 수 있는 것만 처리할 수 있는 인공지능은 할 수 없는 부분입니다. 게다가 인공지능은 기존의 자료를 활용하는 것은 가능하지만 응용하는 것이 불가능하기 때문이기도 합니다.

이 부분은 내가 컴퓨터과학을 전공하고 인공지능을 공부했기 때문에 누구보다 잘 아는 부분입니다. 특히 서로 연관이 없는, 즉 공통점이 없는 자료를 가지고 새로운 것을 만드는 것은 인간만이 가능합니다. 인공지능에게 이런 자료는 아무런 의미가 없는 자료입니다. 내가 프로그래머로 일할 때 데이터베이스 테이블 여러 개를 사용해서 프로그램을 만들기도 했습니다. 이때 사용하는 데이터베이스 테이블은 하나라도 서로 공통된 것이 있는 것이었습니다. 공통된 것이 없으면 사용하지 못합니다.

이런 이유로 인간은 조선판 셜록 홈스를 주제로 글을 쓸 수 있지만 인공지능은 불가능한 것입니다. 셜록 홈스와 조선은 공통점이 하나도 없기 때문에 이 자료를 가지고 인공지능은 이것도 할 수 없습니다. 하지만 인간은 조선판 셜록 홈스라는 새로운 것을 만들 수 있습니다. 이것이 '재해석'과 '재창조'를 보여주는 것입니다.

'재해석'과 '재창조'는 새로운 것, 나만의 것을 만드는 과정입니다. 이런 것을 본다면 인공지능이 소설을 썼다는 언론 기사는 맞지 않는 것입니다. 데이터베이스에 저장된 글 중 마음에 드는 문장을 가져와서 짜깁기한 것은 진정한 책 쓰기가 아닙니다. 이것은 표절 그 이상도 그 이하도 아닙니다.

책을 쓴다는 것은 내 생각을 글로 표현하는 것입니다. 그래서 단순히 다른 작가의 책을 짜깁기하는 것은 책 쓰기라고 할 수 없는 것입니다. 내 생각을 글로 표현하는 일반적인 방법은 기존의 것을 내 방식으로 해석하고, 이를 바탕으로 나만의 것을 만드는 것입니다. 즉, '재해석'과 '재창조'의 과정을 거치는 것입니다. 이런 의미에서 인공지능은 '재해석'과 '재창조'의 과정을 거치지 않기 때문에 책을 쓸 수 없다고 하는 것입니다.

이렇듯 책을 쓰는 과정은 끊임없이 '재해석'과 '재창조'를 하는 과정입니다. 그래서 책 쓰기를 말할 때 '재해석'과 '재창조'를 핵심 키워드라고 하는 것입니다.

AI 시대, 책 쓰기로 전문가가 되자

내가 자주 가는 단골가게에는 키오스크를 통해서 주문을 하고, 계산을 하는 것이 일반화되어 있습니다. 이런 현상은 기존에 인간이 하던 일자리가 빠른 속도로 기계로 대체되고 있다는 것을 보여줍니다. 앞으로는 이것이 더 심화될 것은 불 보듯 뻔하고, 이 속에서 우리는 살아가야 합니다.

당신은 4차 산업혁명 시대를 어떻게 살아가려고 생각합니까? 일자리를 찾으려고 이력서를 들고 이곳저곳을 찾아다니고 싶지는 않을 것입니다. 그러면 어떻게 해야 할까요? 인공지능이 할 수 없는 것을 해야 합니다. 그중 확실한 것이 전문가가 되는 것입니다.

역사를 살펴보면 전문가는 시대를 막론하고 인정받았습니다. 이 말은 '전문가'는 그 어떤 것으로 대체될 수 없다는 것입니다. 전문가는 개인마다 고유영역을 가지고 있습니다. 이것은 그 누구도 흉내낼 수 없기에 인정받은 것입니다. '축구 전문가', 'AI 전문가' 등 전문가로 불리는 이들은 자기의 영역을 구축하고 있는 것입니다.

그런데 전문가로 인정을 받으려면 어떻게 해야 할까요? 여러 가지 방법이 있겠지만 가장 좋은 방법은 책을 써내는 것입니다. 책을 써내면 내가 굳이 말하지 않더라도 다른 사람이 전문가라고 인정해줍니다. 그들에게 보여줄 '책'이라는 확실한 결과물이 있기 때문입니다. 이것은 나 외에도 나에게 상담을 받았던 전직 교수님도 겪은 것입니다. 그분은 자신이 쓴 논문은 있었지만 대중들에게 보여줄 수 있는(대중들도 쉽게 이해할 수 있는) 결과물이 없었습니다. 그래서 강연 의뢰가 들어올 때 담당자로부터 경력이나 전문 분야의 지식을 보여줄 수 있는 결과물을 보여 달라고 하면 곤혹을 느꼈습니다. 이때 '나도 책이 있어야 된다'는 생각을 했던 것입니다. 이처럼 책의 파급 효과는 큰 것입니다.

나도 책을 내기 전까지는 전문가라고 말하고 다녀도 그 누구도 인정해 주지 않았습니다. 하지만 책을 낸 뒤로는 말을 하지 않아도 책을 보여주면 전문가로 인정합니다. 최근 나는 'Dream공작소'라는 유튜브 채널에서 '차석호 작가의 인공지능 이야기'라는 방송을 하고 있고, 항상 오프닝에서 "책 쓰는 인공지능 전문가"라고 소개합니다. 내가 이렇게 방송을 할 수 있는 데는 『인공지능의 미래 사람이 답이다』라는 책을 출간한 것이 가장 크게 작용했습니다 (이 책은 필명 '선태유'로 출간했습니다).

그전까지 대학교에서 컴퓨터과학을 전공하고 인공지능을 공부했어도 아무도 전문가로 인정을 해주지 않았습니다. 단지 다른 사람보다 관련 지식이 조금 많은 사람 정도로 인식을 했습니다. 그러던 것이 책을 출간하면서 바뀌게 되었습니다.

친구나 주변 사람들, 심지어 국제통상학을 전공하는 교수님까지도 전문가로 인정해줍니다. 그리고 4차 산업혁명과 인공지능 강의를 하기도 하고 개인적으로 이에 대한 질문을 받곤 합니다. 책을 출간하기 전까지는 상상할 수 없었던 일입니다. 이것이 책을 출간하고 나서 이루어진 것입니다.

책을 출간한다는 것은 책을 통해 독자에게 전달할 수 있는 전문지식이 있다는 것입니다. 이것은 누구나 가지고 있습니다. 나는 컴퓨터과학을 전공하고 인공지능을 공부했기에 인공지능에 대한 지식을 가지고 있습니다. 당신도 나와 마찬가지일 것입니다. 당신이 무엇을 전공했고, 무엇에 관심이 있는지 생각해보십시오. 그러면 어떤 분야에 전문지식이 있는지 알게 될 것입니다. 그것을 바탕으로 책을 출간하면 전문가로 인정받을 수 있습니다.

전문가로 인정받기 위한 지식이 있다는 것은 다른 사람이 관련 분야에 대해서 질문을 해도 알아듣기 쉽게 설명을 할 수 있다는 것입니다. 그렇지 않다면 관련 지식이 없는 것이나 마찬가지입니다.

나도 책을 세 권을 출간했지만 첫 번째 책『소통, 경청과 배려가 답이다』(필명 '선태유'로 출간)를 제외한 두 권의 책에서는 4차 산업혁명시대, 인공지능과 결합한 책입니다. 『인공지능의 미래 사람이 답이다』는 제목을 보면 인공지능 관련 이야기를 하는 책이라는 것을 알 수 있습니다. 세 번째 책인 『1년 100권 독서법』에서 제목만 보면 인공지능과 관련이 없을 것이라고 생각을 할 것입니다. 하지만 내용을 보면 인공지능 시대에 왜 독서를 해야 되는지에 대한 것이 있습니다. 나는 바로 이것 때문에 전문가라고 인정받습니다.

당신도 전문가로 인정받고 싶습니까? 그렇다면 당장 책을 쓰시기 바랍니다.

AI 시대 나만의 플랫폼이 필요한 이유

　인공지능으로 대표되는 4차 산업혁명 시대에는 기존에 인간이 하던 많은 일자리가 인공지능으로 대체될 것입니다. 당장 식당에 가 보면 주문을 받고, 계산을 하는 사람이 줄어들고 있는 것을 볼 수 있습니다. 이제 식당에서 주문과 계산은 '키오스크'라는 기계가 대신하고 있습니다.

　키오스크는 초기에 도입 비용이 많이 들긴 하지만 시간이 지나면 사람이 하는 것과 비교하면 훨씬 빠르고 정확하게 할 수 있고, 지출 비용 또한 적게 듭니다. 이제 이런 일자리는 더는 사람이 필요하지 않습니다. 이를 보면 지금보다 더 많은 부분이 기계로 대체되리라는 것은 자명한 사실입니다. 우리는 시대의 흐름을 거스를 수 없다는 것을 역사를 통해 배웠습니다. 그래서 우리는 시대의 흐름에 발맞춰 가면서 생존하는 방법을 모색해야 할 때입니다.

4차 산업혁명 시대에 우리가 생존하는 방법은 어떤 것이 있을까요? 바로 '오직 인간만이 할 수 있는 일'을 찾아서 하는 것입니다. '인간만이 할 수 있는 일'은 인공지능은 하지 못하는 것입니다. 이런 일의 대표적인 것은 '경험'을 표현하는 것입니다. 여기서 '경험'이란 '경험을 통해 깨달은 것'을 말합니다.

이 말은 인간은 같은 경험을 할 수 있지만, 그 속에서 깨닫는 것은 개인마다 다 다르다는 것입니다. 친구들과 같이 여행을 가면 같은 장소에 가는 것이라서 공통적입니다. 하지만 여행을 통해 느끼는 것은 다 다릅니다. 여행할 때 같은 고속 도로에서 운전을 했다고 하더라도 도로 상황이나 날씨, 교통 상황에 따라 느끼는 것이 다를 수 있습니다. 이런 것을 보면 경험을 통해 느끼고 깨닫는 것은 개인마다 다릅니다. 즉, 이것을 표현하는 것도 개인마다 다를 수 있다는 것입니다.

초등학교 때 축구를 한 것을 일기로 쓰더라도 사람마다

느끼는 것은 다릅니다. 나는 내가 페널티킥을 찼기에 실축한 것을 위주로 쓰고, 다른 친구는 해트트릭을 기록해서 그것을 위주로 쓸 수 있습니다. 이것은 나와 친구가 다른 경기를 한 것이 아니라 같은 경기에서 뛴 것인데도 느끼는 것이 다릅니다. 이것은 인간만이 할 수 있는 것입니다.

반면에 인공지능은 같은 프로그램을 사용하고 데이터베이스(Data Base; DB)를 공유하기 때문에 인간처럼 같은 경험을 하더라도 다른 깨달음을 가질 수 없습니다. 수능 시험을 채점하는 컴퓨터가 대표적입니다. 기계는 많아도 같은 프로그램이 설치되어 있고, 데이터베이스를 공유하기 때문에 서로 다른 작업을 할 수 없습니다. 이것이 인간과 인공지능의 가장 큰 차이입니다.

인간은 같은 경험을 하더라도 각자 다르게 표현할 수 있어서 같은 주제의 책이라 할지라도 작가마다 내용이 다를 수 있습니다. 그래서 주제는 같아도 내용이 다른 책을 출간할 수 있는 것입니다.

내가 한 경험을 통해 깨달은 것을 책으로 쓸 수 있고, 이것의 표현이 작가마다 다른 것은 플랫폼을 구축하는 데도 동일하게 적용이 됩니다. 플랫폼의 대표적인 것이 '독서 모임'입니다. '독서 모임'이 많이 있지만, 자세하게 살펴보면 같은 독서 모임은 없습니다. 모임마다 개성이 있습니다. 이 말은 내가 만든 독서 모임은 누구도 흉내낼 수 없는 것입니다.

4차 산업혁명 시대에는 그 누구도 흉내낼 수 없는 나만의 플랫폼을 구축하는 것이 생존의 방법입니다. 예전에는 나만의 플랫폼을 구축하는 것이 특별한 사람만이 하는 것으로 인식되었습니다. 하지만 이제는 누구나 할 수 있습니다.

당신도 책을 출간하고, 이를 바탕으로 당신만의 1인 플랫폼을 구축할 수 있습니다. 혹시 '나는 글 쓰는 재주가 없어서 엄두가 나지 않는다'라고 생각하십니까? 나도 글 쓰는 재주가 없지만, 책을 출간하고 나만의 플랫폼을 구축했습니다.

나는 학창 시절 '글쓰기'에 트라우마를 가지고 있었습니다. 이런 나도 트라우마를 극복하고 책을 쓰고 출간했습니다. 이제는 당신 차례입니다. 지금도 늦지 않았습니다. 지금 즉시 시작하십시오.

AI 시대, 책 쓰기로 나만의 플랫폼을 만들자

인공지능의 등장으로 기존에 인간이 하던 많은 일자리가 점점 사라지고 있습니다. 이것은 시대적 흐름으로, 시대적 흐름은 거스를 수 없다는 것이 18세기 '러다이트 운동'을 통해 알 수 있습니다. 우리는 시대의 흐름에 순응하면서 할 수 있는 일을 찾아야 합니다.

'시대의 흐름에 순응하는 것'은 절망하거나 낙담하라는 것이 아닙니다. 시대의 흐름을 똑바로 알고, 그 속에서 할 수 있는 것을 찾으라는 것입니다. 4차 산업혁명 시대, AI가 등장하고, 많은 일자리가 AI로 대체된다는 것은 시대적 흐름입니다. 이 속에서 우리는 생존 방법을 모색해야 합니다. 그 방법은 '인간만이 할 수 있는 분야'를 찾는 것입니다. 그렇다면 AI 시대 인간만이 할 수 있는 분야는 어떤 것이 있을까요?

인간은 같은 경험을 하더라도 느끼는 것과 깨닫는 것은 사람마다 차이가 있습니다. 이 말은 내가 경험하고 깨달은 것은 그 누구도 흉내낼 수 없다는 것입니다. 그것이 인공지능이라 할지라도. 나만의 경험을 나만의 방식으로 표현하는 것은 오직 인간만이 할 수 있는 것입니다. 이것의 대표적인 것이 '책을 쓰는 것'입니다. 같은 주제로 책을 쓰는 것은 가능해도 그 내용은 작가마다 다르다는 것을 보면 알 수 있습니다.

'인공지능'을 주제로 쓴 책이 많지만 『인공지능의 미래 사람이 답이다』와 같은 책은 없습니다. 나처럼 문과와 이과를 모두 경험했고, 인공지능에 관심이 있어서 공부를 한 사람은 몇 명 없습니다. 게다가 이것을 인문학과 연결해서 책으로 쓴 사람은 나밖에 없고, 나만 할 수 있는 것이기에 그 누구도 흉내낼 수 없습니다.

이 말은 같은 주제의 책을 쓰더라도 지식과 경험을 통해 깨달은 것이 다 달라서 똑같은 책을 쓸 수는 없습니다.

이것은 인간만이 가지는 특성이어서 인공지능은 절대 흉내낼 수 없는 것입니다. 또한 인간은 다른 작가의 책을 참조해서 나만의 것으로 만드는 '재해석'과 '재창조'를 하는 것이 가능합니다. 아서 코난 도일의 《셜록 홈스》시리즈를 현대적으로 해석해서 만든 BBC의 드라마 《셜록》시리즈가 대표적입니다. 반면에 인공지능은 같은 프로그램과 같은 DB(Data Base)를 사용하기 때문에 각각의 기계가 저마다의 개성을 가지는 것이 불가능합니다. 이것을 보면 인공지능은 책을 쓸 수 없는 것입니다.

인간이 책을 쓸 수 있다는 것은 책을 통해 각자 특색 있는 '나만의 플랫폼'을 만들 수 있다는 것입니다. 나는 책을 출간하고 책 쓰기 과정을 오픈했습니다. 책 쓰기 과정은 많은 작가가 하고 있습니다. 하지만 책 쓰기와 인공지능을 연결할 수 있는 사람은 '차석호'가 유일합니다.

이 말은 '책 쓰기 과정'을 누구나 오픈할 수 있지만, 그 커리큘럼은 개인마다 다르게 할 수 있다는 것입니다. 이것을 우리는 '플랫폼'이라고 부르고, '플랫폼'은 책과 마찬가지로 개인의 특성이 담겨 있습니다. 그렇기에 이것은 인공지능이 절대 흉내낼 수 없는 것입니다.

4차 산업혁명은 시대적 흐름이고 우리는 이에 맞춰서 생존해야 합니다. 그러기 위해서는 인간만이 할 수 있는 일을 찾아야 합니다. 그중 하나가 책 쓰기를 통해 '나만의 1인 플랫폼'을 구축하는 것입니다. '책 쓰기'와 '1인 플랫폼' 구축은 내 경험과 내 깨달음이 담기는 것이기에 그 누구도 똑같이 흉내낼 수 없고, 인공지능도 절대 따라 할 수 없는 것입니다.

1-7

왜 AI 시대에 플랫폼인가?

4차 산업혁명 시대를 살아가기 위해서는 인공지능이 하지 못하는 것을 찾아서 특화시키는 것도 중요합니다. 하지만 무엇보다 중요한 것은 다른 사람과도 차별된 나만의 것이 있어야 합니다. 이것은 '나만의 브랜딩'이라고 합니다.

흔히 '브랜딩'이라고 하면 기업에서 하는 것이라 생각을 할 것입니다. 과거에는 실제로 기업에서만 하는 것으로 인식되었습니다. 그러던 것이 스마트 폰이 보급되고 SNS가 보편화 되면서 이제는 '브랜딩'이 개인의 영역으로 넘어왔습니다. 예를 들어 유튜브를 통해 개인 채널을 가지고 있는 사람들은 저만의 특색이 있습니다. 이것이 '나만의 브랜딩'이라고 할 수 있습니다.

나 역시 '책 쓰는 인공지능 전문가'라는 브랜드가 있습니다. 이것은 내가 직접 만든 브랜드인데 나를 알릴 수 있는 요소가 들어간 것입니다. 책을 네 권 출간했으니 책 쓰는 사람이고, 컴퓨터과학을 전공하고 인공지능에 관한 책을 썼으니 인공지능 전문가라는 말도 맞습니다. 게다가 첫 책『소통, 경청과 배려가 답이다』를 제외하고는 모든 책에 인공지능과 4차 산업혁명에 대한 이야기를 썼습니다. 그래서 '책 쓰는 인공지능 전문가'라고 브랜드를 만든 것입니다.

　'브랜드'가 중요한 것은 '브랜드가' 있어야 나만의 플랫폼을 만들 수 있는 것입니다. 나만의 플랫폼은 브랜드가 받쳐주지 않으면 아무 의미가 없습니다. 어린 시절 외갓집 근처에는 신발공장이 여럿 있었습니다. 그곳에서는 OEM(Original equipment Mendicating)방식으로 제품을 생산했습니다. OEM방식은 주문자가 요구하는 제품과 상표명으로 완제품을 생산하는 방식입니다. 즉, 한 공장에서 나이키 제품, 아디다스 제품, 푸마 제품이 다 나올 수 있는 것입니다. 동일한 제품의 신발인데 브랜드가 붙느냐 아니냐에 따라 가격이 달라집니다. 브랜드가 없으면 싸구려가 되고 브랜드가 있으면 고가에 팔립니다. 게다가 브랜드가 있으면 브랜드 매장에서 이것을 살 수도 있습니다.

이처럼 아무리 좋은 제품이라고 하더라도 브랜드가 받쳐주지 않으면 차별성이 없고, 특화할 수 없습니다. 이것은 비단 기업뿐만 아니라 개인도 마찬가지입니다. 나만의 브랜드가 있어야 플랫폼을 구축할 수 있습니다. 플랫폼은 브랜드 매장이라고 생각하면 됩니다. 나이키나 아디다스 매장에서 신발은 사면 비싸기는 하지만 신뢰가 가는 것이 사람의 마음입니다. 하지만 똑같은 제품을 브랜드 없이 판매하면 어떨까요? 싼 가격 때문에 제대로 제품의 품질을 인정받지 못합니다.

개인도 이와 다를 바 없습니다. 나만의 브랜딩이 있어야 플랫폼을 만들 수 있습니다. 특히 4차 산업혁명 시대에는 인공지능이 할 수 없는 영역을 찾는 것도 중요하지만 이 속에서 나만이 할 수 있는 것을 찾는 것도 중요합니다. 이것을 찾아서 브랜드를 만들면 '나만의 브랜드'가 됩니다. 이것이 바탕이 되어야 1인 플랫폼을 구축할 수 있습니다.

그렇다면 '나만의 브랜드'는 어떻게 만들어야 할까요? 여러 가지 방법이 있지만 가장 좋은 방법은 책을 출간하는 것입니다. 책을 출간하면 해당 분야의 전문가로 인정받을 수 있습니다. 내 경우도 책이 아니었다면 의사나 대학교수가 조언을 해달라고 부탁받지 못했을 것입니다. 이처럼 책의 파급력을 생각하는 것보다 큽니다. 책에 내 브랜드를 녹여낸다면 이것이 가장 좋은 방법입니다.

책이라는 신뢰받는 결과물이 있으면 이것을 바탕으로 플랫폼을 쉽게 만들 수 있습니다. 이를 통해 우리는 4차 산업혁명시대를 슬기롭게 헤쳐 나갈 수 있는 것입니다.

'책 쓰기'는 평생 할 수 있다

당신은 지금 하는 일을 평생 할 수 있다고 생각합니까? 아니면 지금 다니고 있는 회사를 평생 다닐 수 있다고 생각합니까?

내가 대학교에 다닐 때는 '삼팔선', '사오정', '오륙도'라는 말이 유행했습니다. 이 말은 '38세까지도 순순히 퇴직을 받아들인다.(38선)', '45세 정년(사오정)', '56세까지 직장에 있으면 도둑(오륙도)'이라는 뜻입니다. 이 말에 담긴 의미는 미래가 불투명하다는 것입니다. 갈수록 평균 수명은 늘어나는데 직장에서 일할 수 있는 시간은 줄어든다는 것을 단적으로 보여주는 것입니다.

대부분의 사람은 지금 다니고 있는 회사에서 퇴사하면

다른 회사를 찾아보거나 그렇지 않으면 '치킨집'으로 대표되는 자영업을 합니다. 다른 회사로 이직을 한다고 해도 언젠가는 회사를 나와야 합니다. 자영업을 하면 큰 비용이 들어가지만 이를 회수하지 못하고 빚더미에 앉는 경우가 많습니다. 이런 상황이 되면 노후를 편안하게 보내지 못하고, 직장을 찾아 떠돌아야 하는 상황이 됩니다. 이렇게 해서 사정이 나아지면 좋겠지만, 대부분은 사정이 나아지지 않습니다.

이런 상황이라면 미리 내가 평생 할 수 있는 것을 준비하는 것이 좋습니다. 이 말을 하면 "평생직장도 없는데 평생 할 수 있는 일이 있나요?"라고 반문할지도 모릅니다. 하지만 잘 찾아보면 있습니다. 그중 가장 좋은 방법이 '책 쓰기'입니다.

'책 쓰기'는 나이에 제한이 없습니다. 또한, '책'으로 전문가가 될 수 있습니다. '전문가'가 되면 나만의 플랫폼으로 노후를 보장받을 수 있습니다.

책을 출간해서 전문가가 되면 여기저기서 조언과 강연을 해 달라고 요청을 합니다. 전문가가 조언과 강연을 하면 당연히 돈을 받습니다. 여기에서 더 나아가 나만의 플랫폼을 만들면 다른 사람을 도와주면서 돈을 벌 수 있습니다. 물론 이 경우에는 고객에게 돈부터 밝히면 안 됩니다. 그들의 꿈을 이룰 수 있게 도와주는 '투자 비용'이라는 것을 인식시켜주고 끝까지 책임을 져야 합니다. 그러면 자연히 돈은 따라오게 되어 있습니다.

나 역시 책 쓰기, 1인 출판 코칭을 하면서 몇 달 월급을 하루에 벌기도 합니다. 물론 내 고객의 미래는 책임져 주는 것이고, 꿈을 이룰 때까지 같이 해 줍니다. 이렇게 해야 고객이 지속적으로 찾아올 수 있습니다.

이처럼 '책 쓰기'를 하면 직장 문제에 대해서 자유로워질 수 있습니다. 작가로서 강연과 조언을 해 줄 수 있고, 나만의 1인 기업을 세워서 운영할 수 있습니다. '책'을 쓰게 되면 1인 기업을 운영해도 다른 사람과 경쟁에서 자유로워질 수 있습니다. 내가 만든 플랫폼은 나만 할 수 있고, 다른 사람은 절대 따라 할 수 없기 때문입니다.

우리는 평균 수명 100세 시대를 살고 있고, 120세 시대를 바라보고 있습니다. 이런 상황에서는 직장을 다니는 시간보다 그렇지 않은 시간이 많을 수밖에 없습니다. 이 기간 동안 먹고 살기 위해서는 돈이 필요합니다. 나이가 들면 더 이상 회사에서는 받아주지 않습니다. 이것을 대비해서 평생 할 수 있는 것을 만드는 것이 중요합니다.

당신이 지금 회사에 다니고 있다면 일과 시간 이후에 시간을 내서 '책 쓰기'를 통해 나만의 플랫폼을 구상하는 계획을 세우기 바랍니다. 만약 퇴사했다면 지금 책을 써서 나만의 플랫폼을 만들기 바랍니다.

책을 쓰는 것은 평생 할 수 있는 일입니다. 그리고 책을 통해 만든 플랫폼은 누구도 흉내낼 수 없기에 경쟁에서 자유롭게 됩니다. 이것만 구축되면 평생 돈 걱정 없이 살 수 있습니다.

Part 2.

'책 쓰기'로 나만의
1인 플랫폼을 구축하라

2-1

'책 쓰기'로 나만의 1인 플랫폼을 구축하라

책을 쓴다는 것은 단순히 책 한 권을 출간한다는 것 이상의 의미를 지닙니다. 겉으로 보이는 것은 책 한 권뿐이지만, 책을 출간해서 얻는 것이 이보다 더 많습니다. 이것은 단지 눈에 보이지 않기 때문에 그 가치를 제대로 깨닫지 못합니다.

책을 출간한다는 것은 내가 전문가로 인정받는다는 것입니다. 전문가가 되면 나만의 플랫폼을 구축해서 다른 사람에게 도움을 줄 수 있습니다. 전문가가 만드는 플랫폼은 '나만의 독자적인 것'입니다. 이 말은 '나만의 노하우'가 담긴 플랫폼은 그 누구도 그대로 복제할 수 없는, 나만의 독창적인 것이기 때문입니다.

'나만의 독창적인 플랫폼'은 다른 사람, 다른 회사와 경쟁하는 것이 아니라 내가 독점하는 것입니다. 그래서 경쟁에서 이기기 위해 하는 노력을 오롯이 내 고객을 위해서 쓸 수 있습니다.

이런 플랫폼을 구축하는 것은 누구나 할 수 있지만 한 가지 조건을 만족해야 합니다. 그 조건은 '신뢰할 수 있는 결과물'이 있어야 한다는 것입니다. 여기에 알맞은 것이 바로 '책'입니다. 나를 원하고 내 플랫폼에 찾아와서 상품을 구매하는 고객은 책을 읽고 찾아오기 때문입니다.

그리고 내 책을 읽고 찾아오는 '마니아 고객'은 나처럼 책으로 전문가가 되기 위해 도움을 요청하는 경우가 많습니다. 이들은 책 쓰기를 통해 전문가가 되기 위해 기꺼이 투자를 합니다. 나는 이런 고객에게는 평생 책임지고 도움을 줍니다.

내 플랫폼은 '내가 성공하는 목적'도 있지만 보다 큰 목적은 '내 고객이 성공하는 것'입니다. 왜냐하면 고객이 성공해서 행복해야 내가 행복할 수 있기 때문입니다. 그리고 '내 고객이 성공하는 것'이 코칭을 해 준 사람으로서 큰 보람을 느끼게 해주기 때문이기도 합니다.

나는 내 플랫폼에 '인공지능 시대'에 왜 책을 써야 하는지에 대해서 말하고 있습니다. 인공지능 시대, 인간만이 책을 쓸 수 있고, 책을 출간하면 전문가가 될 수 있다고 말하는 것은 '인공지능 전문가'인 나만이 할 수 있는 방법이기 때문입니다. 이런 방법은 누구도 할 수 없는 나 '차석호'만 할 수 있는 방법이기에 특별한 것이고, 경쟁 없이 독점적으로 할 수 있는 것입니다.

내가 'Dream공작소'라는 1인 기업을 세우고 책 쓰기를 할 수 있는 것은 내가 잘 할 수 있는 것을 찾았기 때문입니다. 당신도 나처럼 '내가 가장 잘할 수 있는 것'을 찾을 수 있습니다. 나를 찾아온 고객들은 예외 없이 자신이 잘하는 것을 찾고 특화시켰습니다. 이것이 내가 추구하는 '1인 플랫폼'의 궁극적인 목적입니다.

나는 '1인 플랫폼'을 통해 영업하는 방법을 바꿨습니다. 이전에는 내가 고객을 찾아갔지만. 이제는 어느 곳에서나 볼 수 있는 책이 고객을 만나고, 책을 읽은 고객이 나를 찾아오는 방법으로 바뀌게 되었습니다.

나는 책을 통해 이전에 영업했던 방법을 졸업했습니다. 이전의 방법은 비효율적이고 경쟁이 심해서 많은 스트레스를 받았습니다. 그러니 오래 하고 싶어도 할 수 없었습니다. 지금은 다른 사람과 경쟁을 할 필요가 없기 때문에 스트레스를 받을 일이 없습니다. 게다가 나는 고객에게 자신이 가진 재능을 꺼내 주고 그것으로 1인 플랫폼을 만들어 주기에 서로 경쟁할 필요가 없어서 평생 코칭을 해 줄 수 있습니다.

'책 쓰기'로
'나만의 1인 플랫폼'을 구축하기 위해서는

'책 쓰기'의 궁극적인 목적은 전문가가 되어 '나만의 1인 플랫폼'을 구축하는 것입니다. '나만의 1인 플랫폼'은 고객의 인생을 더 나은 방향으로 변화할 수 있도록 도와주는 매개체 역할을 합니다.

내가 이런 이야기를 하면 "나는 다른 사람에게 보여줄 것이 없어서 '나만의 1인 플랫폼'을 구축하는 것이 엄두가 안 난다."라고 하는 사람이 있습니다. 이 말을 하는 사람은 자신을 과소평가하는 경향이 있습니다. 물론 1인 플랫폼은 누구나 구축할 수 있지만 아무나 구축할 수 있는 것이 아닙니다. '나만의 1인 플랫폼'을 구축하기 위해서는 전제가 되어야 할 것이 한 가지가 있습니다.

그것은 '내 이야기'를 담은 책이 있어야 합니다. '1인 플랫폼'을 구축하고, 지속적으로 운영하기 위해서는 나만이 할 수 있는 특화된 것이 있어야 합니다. 즉, 내가 전문가가 되어야 합니다. 내가 전문가로 인정받으려면 신뢰할 수 있는 결과물이 있어야 하는데, 그중 가장 신뢰받는 것이 책입니다. 나 역시 『인공지능의 미래 사람이 답이다』(필명 '선태유'로 출간)가 아니었으면 '인공지능 전문가'로 인정받지 않았습니다.

전문가로 인정받으려면 책, 그중에서 '내 이야기가 담긴 책'이 있어야 합니다. 내 이야기가 담긴 책은 오직 내가 경험하고 깨달은 것을 나만의 언어로 담았기 때문에 누구도 흉내낼 수 없습니다. 그래서 독창적일 수밖에 없습니다. 이런 이유로 독창적인 책을 출간하면 전문가로 인정받는 것입니다. 나도 내 책에 나만의 이야기를 담았기에 그 누구도 내 책에 담긴 내용을 흉내낼 수 없는 것입니다.

전문가로 인정받으면 나만이 할 수 있는 분야가 있습니다. 이 분야를 특화해서 '나만의 1인 플랫폼'을 구축하면 고객들이 찾아오고, 내 상품을 구매할 수 있습니다. 1인 플랫폼의 아이템이나 콘텐츠는 이 세상에서 오직 나만 구축할 수 있어서 다른 사람과 경쟁을 하지 않아도 되는 장점이 있습니다. 나는 내 플랫폼에 '책 쓰기'라는 일반적인 상품이 있습니다. 하지만 여기에는 인공지능 시대에 왜 책 쓰기를 해야 되는지에 대한 것을 같이 담았습니다. '인공지능'은 내가 전문가고, '인공지능과 책 쓰기'를 결합하는 것은 오직 나만이 할 수 있는 것이기 때문에 '나만의 상품'이 된 것입니다.

'나만의 1인 플랫폼'은 내가 잘하는 것을 상품으로 만들어 고객에게 제공하는 것입니다. 이 말은 고객이 내 매장에 찾아오는 이유는 '내 매장에만 파는 상품'이 있기 때문입니다. 그렇지 않고 다른 사람이 만든 상품을 팔면 고객이 내 매장에 찾아올 이유가 없는 것입니다.

'나만의 1인 플랫폼'을 구축한다는 것은 '내 이야기'가 담긴 책을 출간하고 전문가로 인정받는 것이 선행되어야 합니다. 여기서 내 이야기는 '직접 경험을 통한 깨달음'뿐만 아니라 '간접 경험을 통한 깨달음'도 포함이 됩니다. 그래서 책을 읽고 깨달은 것을 책에 담아도 '내 이야기'가 되는 것입니다.

'내 이야기'가 담긴 책을 출간하고 전문가로 인정받으면 다른 사람이 만든 상품은 내 매장에서 진열하고 팔 이유가 없습니다. 예를 들어 '책 쓰기 코칭'을 판매한다고 해도 나만의 방법이 들어간 것은 다른 사람이 흉내낼 수 없습니다. 그래서 나는 '스몰 라이팅'이라는 책 쓰기 코칭 프로그램을 만들었습니다. '스몰 라이팅'은 '오직 내 경험에서 나온 깨달음'이기 때문에 다른 사람이 베낄 수 없습니다. 그래서 내 매장에서만 판매할 수 있는 것입니다.

'책 쓰기'의 목적은 1차로 내 이름으로 된 책을 출간하는 것입니다. 이보다 더 중요한 것은 '나만의 1인 플랫폼'을 구축하는 것입니다. '나만의 1인 플랫폼'을 구축하려면 '나만의 이야기'가 담긴 책을 출간해야 하고, 이 책에서 보여준 나만의 것을 상품화해서 고객에게 판매하는 것입니다. 이 모든 과정은 내가 '전문가'가 되면 할 수 있습니다.

나도 책을 출간하기 전까지는 '나만의 1인 플랫폼'을 만들 생각을 하지 않았습니다. 회사에서 주는 월급을 받고,

회사에서 나온다면 다른 직장을 구하거나 자영업을 하려고 했습니다. 이런 상황이라면 내 삶은 나아지지 않았을 것입니다.

　나는 책을 출간하고 '나만의 1인 플랫폼'을 구축했고, 이것으로 스트레스와는 멀어졌습니다. 그리고 '경쟁'도 안 하게 되었습니다. 당신도 나처럼 할 수 있습니다. 지금이라도 늦지 않았으니 시작하기 바랍니다.

'책 쓰기'로 '내 가치'를 올려라

'전문가'가 된다는 것은 어떤 의미를 가진다고 생각합니까?

여기에는 여러 가지 의미가 있습니다. 그중 가장 큰 의미는 '내 가치'가 올라간다는 것입니다. 나는 그동안 이것을 느끼지 못하다가 책을 출간하고 나서 실감했습니다. 책을 출간하기 전에는 내가 아무리 '인공지능'에 대해서 잘 알고 있다고 말해도 사람들은 그저 허세를 부리거나 잘난 척하는 것으로 인식했습니다.

그런데 『인공지능의 미래 사람이 답이다』라는 책을 출간한 후 인식은 바뀌었습니다. 사람들에게 내 책을 보여주면 굳이 말하지 않아도, 나를 '인공지능 전문가'로 인정해 주었습니다. 또한, 책을 출간하기 전 한번도 받아보지 못했던 질문이나 조언 요청도 책 출간 후 많아졌습니다. 이런 경험을 하다 보니 '책이 내 가치를 올려 준다.'는 것을 실감했습니다.

이뿐만 아니라 조언 요청을 하는 사람도 대학교수, 의사, 기업체 대표, 강사 등 다양해졌습니다. 양뿐만 아니라 질적인 측면에서도 다양해지면서 '내 가치'가 올라갔다는 것을 확인했습니다. 다양한 방법을 동원해도 올라가지 않는 '내 가치'가 책을 통해서 올라간 것입니다.

이를 통해 '내 가치'는 다른 사람이 올려주는 것이 아니라 '나 자신이 올리는 것'이라는 사실을 깨달았습니다. 아울러 '내 가치'를 올리려면 다른 사람에게 보여줄 수 있는 신뢰성 있는 결과물이 있어야 한다는 것을 알게 되었습니다.

'신뢰할 수 있는 결과물'에는 '논문', '음반', 'TV/라디오 방송' 등 여러 가지가 있습니다. 그중 가장 손쉽게 할 수 있는 것이 바로 '책을 쓰는 것'입니다. 책은 종이와 펜만 있어도 쓸 수 있지만, 다른 것은 부수적인 것이 필요합니다.

논문은 연구 결과가 있어야 하고, 음반을 내려면 장비가 있어야 합니다. 방송은 내가 출연하고 싶어서 할 수 있는 것이 아니라 방송국에서 불러 줘야 하는 것입니다. 이런 방법은 제약 사항이 많지만, 책을 쓰는 것은 제약 사항이 없습니다.

책은 '종이와 펜'만 있으면 쓸 수 있고, 요즘은 노트북이나 스마트폰만 있어도 가능합니다. 특히, 스마트폰은 누구나 가지고 있어서 책을 쓰는 데 제약이 되는 것이 없습니다.

'내 가치'를 올린다는 것은 어떤 사람이 보더라도 '내 결과물'을 보고 이해할 수 있어야 합니다. 이런 점과 가장 잘 맞는 것이 바로 책입니다.

책은 '전문 서적'이 아닌 이상 읽을 수 있는 대상, 즉 독자의 폭이 넓습니다. 독자 중에는 내 전문 분야에 대해서 잘 알지 못하는 사람이 대부분이라는 것입니다. 그래서 이들이 읽고 이해하기 위해서는 쉽게 쓸 수밖에 없습니다.

나 역시도 '인공지능'에 관한 책을 쓰면서 불가피하게 전문 용어를 사용해서 설명할 수밖에 없었지만 이를 독자들이 쉽게 이해하도록 비유를 사용해서 설명했습니다. 이런 것이 있었기 때문에 내 책을 읽은 사람이 나를 '전문가'로 인정해 준 것입니다.

내가 전문가로 인정받는 것은 '내 가치'가 올라간다는 것입니다. '내 가치'를 올리기 위해서는 '책'보다 좋은 방법은 없습니다. 또한, 내 가치는 다른 사람이 올려주는 것이 아닙니다. 가장 먼저 나 자신이 '내 가치'를 올려야 하는 것입니다.

당신도 '내가 전문가'라고 생각했지만, 막상 사람들로부터 인정을 받지 못한 적이 있습니까? 나는 그런 경험이 있습니다. 그래서 '내 이야기'가 담긴 책을 썼고, 책 출간 후 비로소 '전문가'로 인정받을 수 있었습니다.

당신도 '전문가'가 될 수 있습니다. 먼저 당신의 가치를 당신 스스로 올리기 바랍니다. 그 첫 번째가 책을 쓰는 것입니다.

내 가치는 그 누구도 흉내낼 수 없다

'내가 가진 가치'에 대해서 진지하게 생각해 본 적이 있습니까? 나 역시 책을 쓰기 전까지는 전혀 생각해 본 적이 없습니다. 단지 다른 사람과 비교해서 두드러지게 부족한 부분에 대해서 생각한 것은 있었어도, 나만의 가치에 대해서 생각해 본 적은 단 한 번도 없었습니다. 책을 출간하고 난 뒤 주위 사람에게 '작가'라는 말을 듣고, 대단하다는 말을 듣고서야 '내 가치'에 대해서 생각해보게 되었습니다.

처음 '내 가치'에 대해서 생각해봤을 때, 내 인생을 되돌아보았습니다. 그동안 살아온 인생을 보니 화목한 가정의 장남으로 자라고, 평범한 학교생활을 해서 특별한 것이 없다고 생각했습니다. 물론 내가 흥분을 잘하는 성격이라

흥분할 때면 소리를 크게 지르는 것은 있어도 그외 특별한 것은 없었습니다.

그러던 중 한 강연의 강사로 나선 자리에서 '중학교 때 왕복 80분을 걸어서 등하교했'다고 말하자 놀라는 사람들이 대부분이었습니다. 그도 그럴 것이 강연을 한 곳이 대도시였습니다. 대도시에는 대중교통이 잘 되어 있어서 40분(왕복으로 하면 80분)을 걸어서 등하교할 일이 없기 때문입니다.

걸어서 왕복 80분을 등하교하면서 이때 생긴 에피소드가 많이 있습니다. 나는 '삼천포'라는 소도시에 자랐고, 내가 다닌 중학교는 '와룡산'이라는 산 밑에 자리 잡고 있었습니다. 등하교할 때 큰길보다는 밭 사이로 난 길을 따라서 등교했는데, 특히 여름에 '수박'을 서리한 적이 있다'는 이야기를 하면 놀라기도 합니다. 지금이야 서리를 하면 절도죄로 잡혀가지만 내가 중학교에 다니던 시절까지만 해도 허용되던 시기였습니다. 그래서 할 수 있었던 것입니다.

왕복 80분을 걸어서 등하교하고, 수박 서리를 하는 것은 내 나이 또래이거나 나보다 어린 사람에게는 신기하게

다가갔습니다. 특히 대도시에서 성장한 사람들이 많이 놀라기도 했습니다.

내 인생에서 평범했던 이야기를 할 때 처음에는 강연을 듣는 사람들이 그저 놀랄 만한 이야기라고 생각했습니다. 그러던 것이 『1년 100권 독서법』을 쓰면서 이것이 책의 소재가 되리라고는 생각을 못했습니다. 출퇴근 시간에 지하철이나 버스에 앉아서 가는 경우 책을 읽으면 효과가 있고, 따로 시간을 할애하지 않아도 된다는 내용을 썼을 때 많은 도움이 되었습니다.

지하철이나 버스에서 책을 펼쳐 들고 읽는 것이 처음에는 어렵지만 계속하면 익숙해져서 쉽게 할 수 있습니다. 이것을 나는 중학교 시절 왕복 80분 걸어 다닌 것에 비유했습니다.

초등학교 때 내가 걸어 다닌 거리는 왕복 30분이었습니다. 그러다가 중학교에 진학해서 왕복 80분 거리를 걷는 것이 내게는 어려웠습니다. 당시 집 근처 버스정류장의 버스 배차 시간이 길었고, 초등학교 2학년 때 사고로 자전거에 대한 트라우마가 있어서 지금까지 자전거를 타지 못합니다. 그렇다고 집에 자가용이 있었던 것도 아닙니다. 그래서 걸어서 등교할 수밖에 없었습니다.

왕복 80분 걷는 것이 첫 학기 때까지는 무척 힘들었습니다. 그것이 2학기가 되자 익숙해져서 거뜬히 걸을 수 있게 되었습니다. 당시에는 몰랐는데 지금 생각해보니 처음 시작하는 것이 어렵지, 익숙해지면 어렵지 않다는 것을 느끼게 해 주는 계기가 되었습니다. 이때의 경험이 없었다면 출퇴근 시간 지하철이나 버스에서 책을 읽는 것을 쉽게 설명하지 못했을 것입니다.

또한, 나는 문과와 이과를 둘 다 경험했습니다. 이것이 사회생활을 할 때는 크게 가치 있다고 생각하지 못했습니다. 하지만『인공지능의 미래 사람이 답이다』라는 책을 쓰면서 큰 가치를 지니고 있다는 것을 알았습니다. '인공지능'과 '독서', '인공지능'과 '인문학'에 관련한 글을 쓰면서 많은 도움이 되었습니다. 문과생과 이과생의 특성을 모두 알고 있었기에 그들의 입장에서 글을 쓸 수 있었습니다.

문과생의 입장에서 '인공지능'에 대해서 이해하기 쉽게 쓸 수 있었고, 이과생의 입장에서 '인문학'에 대해 쉽게 이해할 수 있게 쓸 수 있었던 것이 문과와 이과를 둘 다 경험하지 못했다면 할 수 없었던 것입니다. 실제 독자들을 만났을 때 "인공지능과 인문학에 대해서 쉽게 풀어서 설명했다."는 말을 많이 들었습니다.

왕복 80분을 걸어서 등하교한 것과 문과와 이과를 둘 다 경험한 것은 어찌 보면 평범할 수 있습니다. 하지만 여기에서 발견하는 가치는 개인마다 다릅니다. 중학교 시절 나와 같은 동네에 사는 친구, 그리고 내 동생도 왕복 80분을 걸어서 등하교했습니다. 고등학교 친구와 대학교 동기 중에서도 문과와 이과를 둘 다 경험한 사람도 더러 있습니다.

그렇지만 나와 똑같은 가치를 발견한 사람은 단 한 명도 없습니다. 이 말은 똑같은 경험을 해도 느끼고 깨닫는 것은 개인마다 각자 다르다는 것입니다. 즉, 내 가치는 그 누구도 흉내낼 수 없다는 것입니다.

이것은 책을 쓸 때도 마찬가지입니다. 내가 가진 가치는 그 누구도 흉내낼 수 없기 때문에 내가 아니면 제대로 표현할 수 없고, 내 책이 아니면 독자들이 정확하게 이해할 수 없는 것입니다.

　내 가치는 특별한 경험에서 찾는 것이 아니라 살아온 인생 속에서 느끼고 깨달은 것 중에서 찾는 것입니다. 나만의 가치가 없다고 생각하십니까? 누구나 '나만의 가치'는 가지고 있습니다. 다만 발견하지 못했을 뿐입니다.

책을 통해 나를 알려라

책을 출간하고, '전문가'가 되려면 내 책에서 나를 알려야 합니다. 내 책에서 나를 알리지 않는데 다른 사람이 자신의 책에서 나를 알려줄까요? 그렇지 않습니다. 그래서 내가 나를 알려야 되는 것입니다.

책에서 나를 알리기 위해서는 우선 '내 이야기'를 담아야 합니다. '내 이야기'라는 것은, 내 경험, 깨달음도 있지만 내가 좋아하는 것, 내가 관심이 있는 것도 포함이 됩니다.

나는 『인공지능의 미래 사람이 답이다』를 통해 내가 컴퓨터과학을 전공했고, 인공지능에 관심이 있고, 관련 지식이 있다는 것을 알렸습니다. 이 책에서 '알파고'에 대한 분석, 인공지능의 현재, 인공지능의 강점·약점 등을 담았습니다. 이것은 사실 어느 정도는 인터넷에서 찾아볼 수 있지만 깊이 있는 것은 절대 인터넷으로 찾을 수 없습니다. 이 경우는 전공 서적을 찾아야 합니다.

독자들에게 이를 전달하기 위해서는 쉽게 설명을 해야 합니다. 내 책의 독자 대부분은 전공자가 아니기 때문에 전공 서적처럼 쓸 수 없었습니다. 다들 알겠지만, 전공 서적은 쉽게 설명해 놓지 않아서 일반인이 이해하기는 어렵습니다. 물론 전공 서적이라면 이것이 문제 될 것은 없지만 일반 서적이라면 이야기가 달라집니다.

일반 서적에 '인공지능'을 서술하는 데 전공 서적처럼 하면 독자들이 이해할 수 없을 것입니다. 이 점을 잘 알고 있는 나는 쉽게 서술하려고 했습니다. 내가 『인공지능의 미래 사람이 답이다』에서 '인공지능' 관련 부분을 쉽게 서술할 수 있었던 것은, 이에 대한 지식이 있어서 가능한 것입니다. 다른 말로 하면 '인공지능'에 대한 지식이 있고, 이를 쉽게 설명할 수 있다는 것을 알린 것입니다.

만약 내가 '인공지능'이라는 것을 가볍게 다루고 넘어갔다면 아무리 내가 '인공지능 전문가'라고 말한다고 해도 독자들이 인정해 주지 않았을 것입니다.

그리고 책을 통해 나를 알리는 방법은 바로 '내 경험'을 담는 것입니다. 독자들이 책에서 가장 많이 공감할 수 있는 부분이 내 경험을 이야기한 부분입니다. 내가 작가가 되는 과정, 책을 쓰게 된 과정을 담으면 내 책을 읽는 독자들도 책을 쓰고 싶다는 생각이 들게 됩니다.

내 책에서 담는 '내 이야기'는 특별한 것이 아니어도 됩니다. 나 역시 글쓰기에 대한 두려움이 있었던 것, 그리고 직장생활에 회의를 느낀 것을 가감 없이 썼습니다. 이 과정에서 내가 실수한 것도 썼습니다. 이를 통해 독자들이 '내가 평범한 사람'이었던 것을 알려주고, '평범한 사람도 나처럼 책을 써서 전문가가 될 수 있다'라는 것을 알려줬습니다.

내 책에 내 이야기를 담는 것은 있는 그대로를 담는 것입니다. 절대 부풀려서는 안 됩니다. 독자들은 부풀려진 이야기라는 것을 금방 알아냅니다.

내 책에서 '나'를 알리는 것은 무엇보다 중요합니다. 첫 번째는 독자에게 '나라는 작가가 어떤 사람인지 알리는 것입니다. 그리고 두 번째는 독자를 내 플랫폼의 고객으로 만들기 위한 것입니다. 책에서 나를 부풀리면 다른 사람에게 도움을 줄 때 얼마 안 가 이것이 드러납니다. 이런 상황에서는 더 이상 도움을 줄 수 없고, 플랫폼을 지속적으로 운영할 수 없습니다.

　게다가 내 책을 읽고 인생을 바꾸려고 하는 사람이 내용이 부풀려졌다면 어떻게 생각할까요? 당연히 의심할 것입니다. 이렇게 되면 책으로서 가치가 떨어지는 것입니다. 내 책에서 나를 홍보하되 있는 그대로를 담아야 합니다.

2-6

나만의 특화된 것을 책에 담아라

서점에 가면 '독서'에 관한 책을 어렵지 않게 찾아볼 수 있습니다. 이 책들을 살펴보면 똑같은 내용을 담은 책은 단 한 권도 없습니다. 나 역시 독서에 관한 책을 두 권 출간했는데, '스몰 리딩'에 관한 책이라는 공통점을 빼고는 내용은 다릅니다. 물론 비슷한 내용은 있지만 완전히 똑같은 내용은 없습니다. 『1년 100권 독서법』이 '스몰 리딩'의 기초에 관한 책이라면 『스몰 리딩』은 '스몰 리딩'에 대한 초급 이상 단계에 관한 책입니다. 그래서 책의 내용을 다를 수밖에 없습니다.

내가 같은 소재로 책을 여러 권 써도 내용이 다른데, 다른 작가라면 말할 필요는 없습니다. 내용이 다르다는 것은 작가의 경험을 통한 깨달음이 개인마다 다르고, 표현하는 방법도 다르다는 것을 의미합니다. 즉, 책을 쓰는 데 있어 핵심은 나만의 특화된 것이 있어야 한다는 것입니다.

독자 입장에서는 같은 소재로 쓴 책이 여러 권 있다면 각각의 책이 가진 고유한 특성에 초점을 맞춥니다. 이것이 가장 잘 드러나는 것이 경험을 통한 깨달음이 들어가는 부분입니다. '경험을 통한 깨달음'은 그 누구도 흉내낼 수 없고, 다른 작가가 내 책의 내용을 인용하더라도 나만큼 현실성 있게 묘사할 수는 없습니다. 내 생각을 가장 잘 표현할 수 있는 사람은 그 누구도 아닌 나 자신이기 때문입니다.

나는 독서에 관한 책을 쓰면서 스몰 리딩이라는 말을 사용했습니다. 스몰 리딩은 하루에 조금씩 꾸준히 읽는 것을 말하는데, 이 말을 처음 사용한 것이 바로 나, 차석호입니다. 나는 스몰 리딩으로 독서에 관한 책을 쓴 다른 작가와 차별성을 두었습니다. 그렇기 때문에 '스몰 리딩=차석호'라는 공식이 생기게 된 것입니다.

스몰 리딩이라는 말을 먼저 사용하고 '스몰 리딩'에 관한 책을 출간하니 이에 관련된 질문을 많이 받습니다. 특히 독서에 관한 질문을 받을 때는 '스몰 리딩'에 관한 부분은 빼놓지 않고 받고 있습니다. 또한, 내용을 보면 4차 산업혁명, 인공지능과 독서를 연관시킨 부분도 있어 이에 관한 질문도 많이 받습니다.

내가 이렇게 스몰 리딩에 관한 질문, '인공지능과 스몰 리딩'에 관한 질문을 많이 받는 것은 오직 내 책에만 이것을 설명해 놓았기 때문입니다. 보다 궁극적인 것은 내가 직접 해보고 깨달은 것을 책에 담았기 때문에 독자에게 자신 있게 말할 수 있기 때문입니다. 내가 '스몰 리딩'을 어떻게 했는지에 대한 방법을 『1년 100권 독서법』과 『스몰 리딩』에 담았습니다. 그리고 작가의 생각과 내 생각을 비교해 보고 왜 차이가 있는지 생각해 보라고 주장을 했는데, 이것은 비판적인 책읽기를 할 수 있는 방법이고, '재해석'과 '재창조'를 하는 방법이라고 주장했습니다.

'재해석'과 '재창조'는 인간만이 할 수 있고, 4차 산업혁명시대에는 이 부분을 극대화시키는 방향으로 나아가야 한다고 주장했습니다. 내가 이런 주장을 할 수 있었던 것은 '스몰 리딩'에 대한 경험이 있고, 인공지능에 관한 것을 많이 알기 때문입니다. 결국 이것이 다른 작가와 비교해 나를 특화시킬 수 있었던 부분입니다. 내 책에는 나를 특화시킬 수 있는 것을 담고, 이것을 부각시켜야 하는 것입니다.

확실한 퍼스널 브랜딩은
'책'으로만 할 수 있다

내 전문 분야로 퍼스널 브랜딩을 할 수 있는 방법은 여러 가지가 있습니다. 그중 가장 확실한 방법은 '내 책'으로 하는 것입니다.

나는 대학교 때 컴퓨터과학을 전공하고 인공지능을 공부해서 주위 사람들에게 '인공지능 전문가'라고 이야기하고 다녔습니다. 하지만 그 누구도 나를 '전문가'로 인정해주지 않았습니다. 그저 '허풍이 많이 든 사람' 정도로 취급을 했습니다. 왜냐하면, 당시 나는 그들에게 보여 줄 결과물이 없었기 때문입니다.

다른 사람에게 보여줄 결과물이 없으니 아무리 내가

'전문가'라고 외쳐도 '쇠귀에 경 읽기'밖에 안 되는 것이었습니다. 그러던 것이 『인공지능의 미래 사람이 답이다』(필명 '선태유'로 출간)를 출간하면서 바뀌게 되었습니다.

책이 나오기 전 블로그에 '인공지능이 바둑으로 이세돌 9단을 절대 이길 수 없을 것'이라는 글을 썼습니다. 글을 쓸 당시에는 아무런 반응이 없었는데, '이세돌 9단과 알파고' 간의 첫 대국이 끝나면서 댓글이 달리기 시작했습니다. 댓글 대부분은 '전문가도 아니면서 전문가인 척한다'라는 것이었습니다. 이것을 보고 내 지식을 동원해서 논리적으로 답글을 달았지만, 반응은 싸늘했습니다.

그러던 것이 『인공지능의 미래 사람이 답이다』를 출간하면서 상황이 바뀌게 되었습니다. 주변 사람에게 홍보 목적으로 내 책을 공짜로 선물해 준 적이 있는데, 내 책을 본 후 반응이 이전과 달랐습니다. 그전에는 아무리 외쳐도 전문가라고 인정해주지 않았는데 책 한 권으로 전문가로 인정을 받았습니다.

그 후 나는 이 책을 적극적으로 활용해서 홍보했습니다. 또한, 내 책을 읽고 나에게 조언을 구하는 사람도 있었습니다. 그중에는 대학 교수도 있었고, 인터넷 언론사 대표도 있었습니다. 그전 같았으면 이들이 나를 거들떠보지도 않았을 것입니다.

이들이 나에게 '인공지능의 발전'이나 '인공지능으로 대체되지 않을 직업'에 관해서 물어보고 조언을 구하는 것은 책이 아니었으면 불가능했던 것이었습니다. 내 책이 있었기에 내가 전문가로 인정받고 나에게 조언과 질문을 하는 사람이 생겨난 것입니다.

내가 책을 통해 전문가로 인정받은 것은 물론 '인공지능'에 관한 지식이 있기도 했지만 내 책에 내 경험과 깨달음을 담았기 때문입니다. 여기서 경험은 직접 경험뿐만 아니라 간접 경험도 포함되는 것입니다. 내가 이세돌 9단이 아니기에 직접 알파고와 대국을 할 수 없지만 이를 TV로 지켜보면서 깨달음을 얻을 수 있고, 이것을 내 것으로 만들수 있습니다. 바로 이것이 간접 경험의 직접 경험화라고 하는 것입니다.

'간접 경험의 직접 경험화'는 독서를 통해서 많이 할 수 있습니다. 책을 읽고 작가의 주장을 그대로 내 책에 옮긴다면 내 이야기가 될 수 없습니다. 하지만 책을 읽고 깨달은 것을 내 책에 쓴다면, 이것은 내 이야기가 될 수 있습니다. 이것이 인간과 인공지능의 차이이고, 인공지능이 절대 하지 못하는 것입니다.

내가 『인공지능의 미래 사람이 답이다』에서 간접 경험을 주로 담았지만, 이 책을 통해 전문가로 인정받았던 것은 간접 경험을 통해 깨달은 것을 담았기 때문입니다. 즉, 간접 경험을 통한 깨달음이 독자들에게 호응을 받았고, 내 책을 접한 사람들이 나를 전문가로 인정해 준 것입니다.

그렇다 하더라도 모든 작가가 전문가로 인정받을 수 있는 것은 아닙니다. 다른 사람의 이야기를 짜깁기해 놓은 책을 쓴 사람은 전문가로 인정받을 수 없습니다. 사실 자료를 찾는 것은 인간보다 훨씬 빠르고, 한번 기억한 것을 절대 잊지 않는 인공지능이 훨씬 잘합니다. 그렇기 때문에 다른 사람의 책을 짜깁기해서 책을 출간한 사람들은 아무리 책이 있더라도 퍼스널 브랜딩을 할 수 없습니다. '내 이야기'를 담은 내 책을 쓴 작가만이 책으로 퍼스널 브랜딩을 할 수 있습니다.

나만의 차별성을 담아라

 두 번째 책『인공지능의 미래 사람이 답이다』와 세 번째 책『1년 100권 독서법』을 썼을 때 공통적인 고민을 했습니다. 그것은 '인공지능'과 '독서'에 관한 책은 이미 시중에 많이 출간되어 있다는 것입니다. 비단 내가 쓴 분야의 책뿐만 아니라 다른 분야의 책도 새로운 소재의 책은 드뭅니다. 이런 상황에서 나와 내 책을 독자들에게 어필하려면 내 책에 다른 책과의 차별성을 담아야 합니다.

 내 경우는 두 번째 책『인공지능의 미래 사람이 답이다』라는 책을 쓸 당시에는 차별성을 담는 데 큰 어려움이 없었습니다. 내가 컴퓨터과학을 전공하고 인공지능을 공부했기에 인공지능에 대한 이론을 담을 수 있었고, 다른 작가보다 당시 이슈가 되었던 '알파고'에 대한 것을 상세하게 쓸 수 있었습니다. 특히 인공지능의 장·단점을 누구보다 정확히 쓸 수 있었던 것이 나만이 할 수 있는 것이었습니다. 그렇기에 다른 책에는 볼 수 없는 부분을 쓸 수 있었습니다.

이 경우처럼 내 전공에 관한 것은 차별성 있게 쓰는 것에 많은 고민을 하지 않는 경우가 있습니다. 하지만 세 번째 책인 『1년 100권 독서법』이라는 책을 쓸 당시에는 두 번째 책보다 몇 배 많은 시간을 차별성 있게 쓰는 것에 할애했습니다. 독서에 관한 책은 인공지능 관련 책에 비해 많이 출간되어 있습니다. 그리고 책을 쓴 작가의 전공도 제각각이라는 것입니다. 이 속에서 나만의 차별성을 찾는 것은 쉽지 않은 일이었습니다. 이 때문에 초고를 마무리 지을 때까지 고민했습니다.

이런 고민 끝에 나온 것이 '하루에 조금씩 꾸준히 읽는 스몰 리딩'입니다. 당시 시중에 판매 중인 책은 1년 365권 100일 33권 등 '독서의 양'에 초점을 맞춘 것이 대부분이었고, 그 다음은 독서법이었습니다. 하지만 '독서의 질'에 초점을 맞춘 책은 없었고, 더더욱 '스몰 리딩'이라는 단어를 쓰는 작가가 없었기에 '스몰 리딩'이라는 개념을 정의하고 사용할 수 있었습니다. 나는 '스몰 리딩'으로 차별성을 담았고, '스몰 리딩'하면 차석호가 먼저 떠오르게 했습니다.

이것은 자기계발서뿐만 아니라 소설도 마찬가지입니다. 추리소설을 쓴다고 하더라도 다른 작가와는 다른 나만의 전개방법과 사건해결방법을 담는 것이 중요합니다. 그러면 독자들에게 확실하게 각인이 되는 것입니다.

책의 소재는 생각하는 것만큼 많지 않습니다. 한정적인 소재 안에서 나를 드러내려면 다른 작가와의 차별성을 두는 것은 선택인 아닌 필수입니다. 만약 다른 작가와 비슷한 내용의 책을 쓴다면 나보다 유명한 작가의 책을 선택하는 것이 독자들의 심리입니다. 그렇기에 책에 나만의 차별성을 부여하는 것은 책을 쓰는 사람이 가져야 할 필수 요소인 것입니다.

2-9

내 책에 차별성이 있어야 하는 이유

『1년 100권 독서법』, 『스몰 리딩』을 쓸 당시에 이전 책인 『인공지능의 미래 사람이 답이다』를 쓸 때보다 많은 면에서 고민을 했습니다. 우선 시중에 나와 있는 독서 관련 책은 수없이 많았습니다. 독서 관련 책은 주제와 전하는 메시지가 비슷했습니다.

독서에 관한 책의 주제, 내용, 메시지가 비슷하면 독자들은 어떤 책을 선택할까요? 대부분이 유명한 작가의 책을 선택할 것입니다. 나 역시 책을 쓰기 전에 이런 경향이 있었습니다. 이런 현실에서 독자들에게 내 책을 어필하기 위해서는 다른 작가와의 차별을 두는 것이 중요합니다. 대표적인 책으로는 내 책인 『스몰 리딩』이 있습니다. 내가 이

제목으로 책을 출간하기 전까지는 그 누구도 출간한 적이 없었습니다. 이 경우는 어디까지나 특별한 케이스입니다. 그러면 어떻게 내 책에 차별성을 둘 수 있을까요?

내 책에 차별성을 둘 때 가장 효과적인 방법은 제목을 다른 작가와는 다르게, 즉 눈에 띄는 문구를 사용하는 것입니다. 하지만 이것은 베테랑 편집자도 고민을 많이 하는 부분입니다. 이런 이유로 책의 주제, 내용, 메시지에 나만의 차별성을 부여하는 것이 현실적입니다.

내 책 『1년 100권 독서법』은 책 제목만 보면 평범한 책이지만 책 표지에 '하루에 조금씩 꾸준히 읽는, '스몰 리딩의 힘'이라는 메시지를 담았습니다. 내 책을 선택한 사람들은 대부분 이 메시지를 보고 선택했습니다. 『1년 100권 독서법』이라는 제목은 어찌 보면 진부하고 특별한 것이 없지만 '스몰 리딩'이라는 메시지는 어느 책에도 없는 것이기에 이것을 보고 책을 선택할 수 있었습니다.

'책'은 작가가 쓰는 것이지만 책을 '선택'하는 것은 독자의 몫입니다. 그래서 독자가 선택할 수 있는 책, 즉 독자가 원하는 책을 써야 합니다. 독자들은 같은 소재의 책이라도 '이 책에는 기존의 책과 비교해서 어떤 차별성이 있을까'라는 것을 기본적으로 생각합니다. 내 책만의 특성, 나만의 특성이 있어야 독자들의 선택을 받을 수 있는 것입니다.

내 책에 나만의 특성을 담는 것은 다른 작가의 책과 차별성을 보여주기 위한 것이 근본적인 목적입니다. 또 하나는 독자들의 호기심을 자극하는 것이기도 합니다. 만약 내가 『1년 100권 독서법』이라는 책에서 '1년에 100권 읽어라'는 메시지를 전하고, 내용도 1년 100권을 읽는 방법에 대해서 썼다면 어떤 반응을 보였을까요? 아마도 독자들의 선택을 받지 못했을 것이고, '카피 캣'이라는 말을 들었을 것입니다. 이렇게 되면 많은 시간과 노력을 들여 책을 쓴 의미가 퇴색됩니다.

요즘 서점에 가보면 하루에도 수많은 책이 출간됩니다. 이 말은 책도 작가 간의 보이지 않는 경쟁이 심화되고 있다는 것입니다. 이 속에서 내 책이 빛을 보려면 다른 작가의 책과 차별화를 하는 것은 필수입니다.

독자의 이익을 담아라

독자들이 책을 선택하는 기준은 여러 가지가 있지만 그 중 가장 큰 요인은 '이 책을 읽고 내가 얻을 수 있는 이익이 있는가'입니다. 이 말은 독자는 자신의 이익에 따라서 책을 선택한다는 것입니다. 여기서 이익이란, 금전적인 이익도 있겠지만 동기 부여, 생각의 전환 같은 보이지 않는 이익도 포함됩니다. 그렇다면 독자들이 생각하는 '이익'의 기준은 무엇일까요?

독자들이 생각하는 이익은 '이 책을 읽고 얻어가는 것이 있느냐'입니다. 내 책을 읽고 얻어가는 것이 있다면 내책에는 이익이 있는 것이지만 그렇지 않다면 이익이 없는 것입니다. 그런데 '이익'은 개인마다 차이가 있습니다. 어떤 사람은 내 책을 통해서 얻는 것이 있다고 말하는 반면 또 어떤 사람은 얻어가는 것이 없다고 말합니다. 어떻게 보면 이것은 지극히 정상적인 것입니다.

사람은 개인마다 개성이 뚜렷하고 취미나 관심사가 각각 다릅니다. 그래서 모든 사람을 만족시키는 제품을 만들 수 없습니다. 이것은 책도 마찬가지입니다. 모든 독자를 만족시키는 책은 없습니다. 단지 많은 독자를 만족시키는 책과 소수의 독자를 만족시키는 책만 존재합니다. 즉, 책을 쓰는 작가는 보다 많은 사람에게 이익을 주는 방향으로 책을 써야 한다는 것입니다. 그러면 독자의 이익은 어떻게 표현하면 효과적일까요?

독자의 이익을 글로 표현하려면 나 자신이 먼저 이 책을 읽으면 어떤 이익이 있는지 알아야 되고, 이것을 글로 쉽게 표현할 수 있어야 합니다. 쉬운 표현으로 써야 독자들이 보다 쉽게 내 책을 읽고 이해하기 쉽고, 내 책을 통해 생기는 이익을 알 수 있습니다. 여기 한 가지 의문이 생기는데, 어떤 글을 써야 쉬운 글이면서 독자들에게 가까이 다가갈 수 있을까요?

가장 좋은 방법은 내 경험을 담는 것입니다. 이전 책인 『스몰 리딩』은 '하루에 조금씩 꾸준히 읽으면 독서의 효과를 극대화할 수 있다'라고 주장했습니다. 이 주장을 뒷받침하기 위해 나는 내 경험을 썼습니다. 내가 오랜 기간 '스몰 리딩'을 하니 효과가 있었고, 이것을 바탕으로 책을 쓸 수 있었다고 했습니다. 내가 '스몰 리딩'을 해왔기에 스몰 리딩의 효과를 누구보다 쉽게 설명할 수 있었습니다.

또한, 현대인은 직장생활, 육아 등 여러 가지 이유로 독서할 시간을 뺀다는 것이 쉬운 일은 아닙니다. 이런 상황이라고 해도 자투리 시간을 활용하면 하루에 10분의 시간을 충분히 낼 수 있고, 이 시간을 활용해 꾸준히 독서를 한다면 효과가 있다고 주장했습니다. 이것 또한 내 경험을 바탕으로 썼습니다.

나는 출근시간이나 잠자기 전 시간을 활용해 책을 읽습니다. 이 시간은 자투리 시간으로 따로 계획을 잡지 않는 시간입니다. 이 시간은 누구의 간섭을 받지 않고 독서에 집중할 수 있는 시간입니다. 이 시간을 활용해서 꾸준히 읽는다면 효과를 볼 수 있습니다. 이것은 내가 경험하고 효과를 봤기에 말할 수 있는 것입니다.

이처럼 독자의 이익은 철저하게 내 경험에서 나와야 하는 것입니다. 그래서 내 주장에 신빙성이 있고, 이를 쉽게 설명할 수 있는 것입니다. 나아가 독자들이 내 책을 선택할 수 있는 이유이기도 합니다.

Part 3.

누구도 쓸 수 없는
나만의 책을 써라

누구도 쓸 수 없는 나만의 책을 써라

나는 지금까지 네 권의 책을 썼는데 그중 첫 번째 책인 『소통, 경청과 배려가 답이다』의 판매량이 가장 저조했습니다. (이 책은 필명 '선태유'로 출간) 처음에는 내가 무명 작가여서 인지도가 낮고, 첫 번째 책이라 안 팔리는 것이 당연하다고 생각했습니다. 하지만 이 책의 판매량이 저조한 데에는 다른 이유가 있었습니다.

나는 첫 책을 빨리 출간하고 싶어서 내 이야기보다는 다른 사람의 이야기를 많이 인용했습니다. 물론 책을 쓸 때 다른 사람의 이야기를 인용할 수 있습니다. 다른 사람의 이야기는 내 책의 주제와 내 주장을 뒷받침하는 용도로 사용되어야 하는데 내 책은 이것이 주가 되었습니다.

내 책에 내 이야기보다 다른 사람의 이야기가 많으니 독자들에게 흥미를 끌지 못했던 것입니다. 나는 이것을 세 번째 책인 『1년 100권 독서법』을 쓰면서 깨달았습니다. 당시 피드백을 해 주는 분이 "내 책에는 내 이야기가 들어가야 한다. 그리고 독자들은 책을 쓴 작가의 이야기를 듣고 싶어한다."라고 조언을 해줬고, 실제 다른 사람이 쓴 책을 읽어보면서 깨달았습니다.

'내 책에 내 이야기가 들어가야 한다.'라는 것을 확실하게 깨닫게 해 준 사람이 바로 '1인 기업 창업 연구소'의 장열정 회장님이었습니다. 장열정 회장님의 코칭을 받으면서 내 책에는 내 이야기가 들어가야 하고, 독자들은 그 누구의 이야기도 아닌 작가 자신의 이야기를 듣기 원한다는 것을 알게 되었습니다.

이것은 내 책에서 독자들에게 쉽게 설명할 수 있고, 독자들의 호기심을 자극할 수 있는 것이 바로 '내 이야기'이기 때문입니다. '내 이야기'는 내가 경험한 것이기에 그 누구보다 생생하고 이해하기 쉽게, 나만의 언어로 쓸 수 있습니다. 다른 사람의 이야기는 그 책을 쓴 작가가 가장 쉽게 설명할 수 있는 것입니다.

그래서 나는 『1년 100권 독서법』에 내 이야기를 많이 담았습니다. 중학교 시절 40분을 걸어서 등교한 일, '삼천포'라는 바닷가에서 어린 시절을 보내고 고등학교까지 다녔으면서도 정작 고등학교 1학년 때까지 생선회를 못 먹었던 것 등 나만의 이야기를 내 책에 담았습니다.

40분을 걸어서 등교한 것이나 생선회를 못 먹는 것은 사실 특별한 것은 아닙니다. 그런데 책을 쓰면서 이것이 내도시에서 자랐던 사람들에게는 경험할 수 없는 것이라는 것을 알게 되었습니다. 나는 나만의 이야기가 '나에게는 특별한 것이 없을지 몰라도 다른 사람에게는 특별할 수 있다'는 것을 깨달았습니다. 그래서 내 책에서 '내 이야기'를 많이 써야 하는 것입니다.

나는 이전에는 책에 '내 이야기'를 쓰라고 하면 정말 특별한 것을 써야 된다고 생각했습니다. 이 때문에 내 이야기를 내 책에 쓰는 것을 주저했습니다. 하지만 이제는 다릅니다. 나는 내 책에 내 이야기를 쓰는 데 주저하지 않습니다.

내 이야기는 다시 말해 나만의 강점이 될 수 있습니다. 나는 최근에 문과와 이과를 둘 다 경험했다고 주변 사람에게 말을 합니다. 어떻게 보면 문과와 이과 둘 다 경험한 것은 특별한 것이 될 수 없을지도 모릅니다. 문과와 이과를 둘 다 경험한 것은 내 친구 중에도 몇몇 있습니다. 하지만 대한민국 사람으로 확대해 보면 문과와 이과를 둘 다 경험한 사람의 경우는 많지 않습니다. 게다가 고등학교 때 문과를 공부하고 대학교 입시 때 교차 지원을 해서 이공계로 간 경우는 많이 없어서 다른 사람에게는 내 경험이 특별하게 다가올 수도 있습니다.

이처럼 내 책에 내 경험이 들어가면 나만의 책이 됩니다. 나만의 책이라는 것은 단지 '내 이름으로 낸 책'이 아니라 '내 이야기'가 들어간 책입니다. 독자들은 내 이야기에서 많은 것을 느끼고 깨닫습니다. 그렇기에 책을 쓸 때는 '내 이야기'가 들어간 나만의 책을 써야 하는 것입니다.

3-2

당신만의 독창적인 책을 써라

당신은 스스로가 특별한 재능도 없고 평범하다고 생각하십니까? 특별한 경험이 없다고 생각하십니까? 그래서 책 쓰는 것을 주저하고 있습니까?

나는 누구에게나 특별한 재능이 하나씩은 있고, 특별한 경험이 있다고 믿습니다. 단지 그것을 깨닫지 못할 뿐입니다.

나는 어린 시절을 7만 명 정도 사는 삼천포라는 소도시에서 보냈습니다. 삼천포는 남쪽에는 바다가 있고, 북쪽에는 산이 있는 곳입니다. 게다가 마땅히 즐길 거리도 없었습니다. 물론 극장이 두 군데가 있기는 했지만, 이마저도 중학교 때인가 문을 닫았습니다. 그리고 1980년 폐선

된 진주와 삼천포를 연결하던 진삼선 철길이 초등학교 때까지만 해도 그대로 남아 있었습니다.

지금은 폐선이 되어서 역 두 곳과 철도 관사만이 남아 있지만, 지금도 철길이 있던 곳은 생생하게 기억합니다. 지금도 철길이 있던 곳에 가면 그곳에서 놀던 기억이 떠오릅니다. 얼마 전 페이스북에 '삼천포의 옛날' 사진이 올라온 적이 있습니다. 이 사진이 컬러 사진이라 80년대 사진이라는 것을 한눈에 알았습니다. 나는 이 사진을 보고 사진 속의 장소가 어디인지 한눈에 알 수 있었고, 그곳에서 놀던 기억이 떠오르는 것은 물론입니다.

이런 이야기를 하면 대도시에서 자란 사람들은 다른 나라 이야기쯤으로 들릴 수 있습니다. 하지만 이것은 나에게는 어린 시절 겪었던 이야기입니다. 이런 이야기가 평범할지는 몰라도 우리나라 사람 중에 이런 곳에서 어린 시절을 보낸 사람이 많이 없다는 점에서는 특별한 경험입니다.

책을 쓰면서 알게 되었지만 어린 시절 이런 경험이 책을 쓰는 데 많은 도움이 되었습니다. 이런 경험은 나는 곧잘 비유해서 사용하는데, 이런 비유를 나보다 잘하는 사람은 없습니다. 오직 내가 겪고 깨달은 것을 나만의 언어로 표현했기 때문입니다.

또한, 나는 고등학교 1학년에서 2학년으로 올라갈 즈음 문과를 선택했습니다. 남학생의 특성상 이과를 많이 선택하지만 나는 문과를 선택했습니다. 2년 뒤 수능시험을 치르고 대학교에 원서를 냈을 때는 전산학과('전산'이라는 말이 일본식 한자어라 원어인 Computer Science를 그대로 번역해서 최근에는 컴퓨터과학과라고 한다)에 지원했고, 합격해서 졸업까지 했습니다. 한마디로 '문과'와 '이과'를 모두 경험했습니다.

나는 책을 쓰기 전까지는 이런 경험을 지인과 이야기하는 자리에서 잘 꺼내지 않았습니다. 특별한 것도 아니어서 굳이 이야기할 필요를 느끼지 못했기 때문입니다. 하지만 책을 쓰고 나서부터는 달라졌습니다.

책을 쓰면서 내가 가진 가장 큰 무기는 바로 '문과'와 '이과'를 모두 경험한 것이었습니다. 고등학교 때 '문과'였기에 문과 출신 사람들의 특성을 다른 이과 전공자보다 많이 알았습니다. 그래서 『인공지능의 미래 사람이 답이다』를 쓸 때 독자들이 이해하기 쉽게 쓰려고 했던 것이 이와 무관치 않습니다.

반대로 이과 출신 사람들에게 인문학에 대해서 이야기할 때도 이 경험이 도움이 되었습니다. 인문학을 이과 출신 사람에게 설명하려면 관련 지식이 어느 정도 있는 문과 출신에 비해 쉽게 설명해야 합니다. 이런 것은 내가 '문과'와 '이과'를 모두 경험하지 않았다면 결코 생각할 수 없었던 것입니다.

이처럼 누구나 인생을 돌아보면 남들과 다른 경험을 한 적이 한 번 이상은 있습니다. '이것을 어떻게 깨닫느냐'에 따라 그냥 추억이 될 수도 있고, 나에게 특별한 경험이 될 수 있습니다.

책 쓰기로 인생을 바꾸고 싶다면, 그동안 살아온 과정을 돌아보십시오. 그중 주변 사람들과 다른 경험을 한 것이 있는지 살펴보고, 이것을 가지고 '내 경험'이 담긴 책을 쓰면 전문가가 될 수 있습니다. 그러니 주저하지 말고 책을 쓰기 바랍니다.

나도 처음에는 내가 특별한 재능도 없고, 특별한 경험

도 없다고 생각했습니다. 하지만 생각을 바꿔 보니 숨겨진 재능과 특별한 경험을 찾을 수 있었습니다. 나는 이것으로 책을 쓰고 전문가로 인정받았습니다. 이제 당신 차례입니다. 생각을 바꾸고 지금 시작하기 바랍니다.

3-3

'독창성'을 가지기 위해서는

인간의 특성은 일란성 쌍둥이라 하더라도 각자 다르기 때문에 누구나 '독창성'을 가지고 있습니다. '독창성'에는 선천적인 것과 후천적인 것이 있습니다. 선천적인 것은 타고난 특성이라 할 수 있습니다. 나는 축구를 할 때 왼발을 주로 사용하는 왼발잡이입니다. 왼발잡이는 그 수가 많지 않기 때문에 그 자체만으로도 특징을 나타낼 수 있습니다. 이것은 타고나는 것이기에 바꿀 수는 없습니다. 간혹 후천적으로 양발을 쓰는 경우가 있지만 페널티킥을 찰때는 대부분 선천적으로 타고난 발을 사용합니다. 양발을 잘 쓰는 손흥민 선수가 페널티킥을 찰 때 오른발을 사용하는 것이 대표적입니다.

선천적인 특성을 바꿀 수 없지만 후천적인 특성은 얼마든지 바꿀 수 있습니다. 나는 고등학교 시절 수학과 물리를 싫어해서 문과를 선택했습니다. 하지만 대학교에 입학할 때는 핸디캡을 감수하고 이공계인 '컴퓨터과학과'에 지원을 해서 전공했습니다. 고등학교는 문과를 선택하고 대학교 때 이공계 쪽을 전공한 것은 내가 타고난 것이 아니라 후천적인 선택이었습니다. 이로 인해 나는 문과생과 이과생의 특징을 둘 다 알게 되었습니다. 이것이 훗날 내가 책을 쓰는 데 많은 도움이 되었습니다. 특히 『인공지능의 미래 사람이 답이다』를 썼을 때 많은 도움이 되었습니다.

문과와 이과를 둘 다 경험하고 인공지능을 공부한 사람이 인공지능에 관해 쓴 책은 내가 쓴 책밖에 없습니다. 이것이 어떻게 보면 평범할 수도 있지만, 나만의 '독창성'을 갖게 해 주었습니다. 대학교 시절 고등학교 때 문과를 선택했던 사람이 몇몇 있었습니다. 전공 과목 중에 '인공지능'이 있어서 공부한 사람도 있습니다. 그러니 이런 부분은 특별한 것이 될 수 없지만, 그중 인공지능에 대한 책을 쓴 사람은 나 외에는 그 누구도 없습니다. 이것이 내가 가지고 있는 '독창성'입니다.

'독창성'은 특별한 사람만이 가지는 것은 아닙니다. 사람이라면 누구나 하나씩은 가지고 있습니다. 단지 발견을 했느냐, 그렇지 않느냐의 차이만 있을 뿐입니다. 그렇다면 '독창성'은 어떻게 발견할 수 있을까요? '독창성'의 발견은 내 삶을 돌아보는 것에서 시작합니다. 내 삶을 돌아본다고 해서 지나온 삶을 후회하라는 것은 아닙니다. 삶 속에서 내가 어떤 것에 관심이 있고, 무엇을 잘하는지를 찾는 것입니다. 이 과정을 거쳐야만 '독창성'을 찾을 수 있습니다.

나는 '삼천포'라는 소도시에 살아서 중학교를 걸어서 40분 거리에 있는 학교를 배치 받았기에 이 거리를 걸어 다녔습니다. 시내버스의 배차 간격도 길었고, 당시는 환승이 되지 않아 내 용돈으로 버스비를 감당하기에는 부담스러웠습니다. 게다가 자전거 사고로 팔이 부러진 뒤로 자전거 트라우마가 생겨서 자전거를 타고 등교하는 것도 불가능했습니다. 이런 이유로 40분 거리의 학교를 걸어서 다녔던 것입니다.

중학교 때 40분을 걸어서 학교에 다닌 것은 나와 같은 동네에 살던 친구나 선·후배라면 당연한 것이었습니다. 하지만 이것을 대한민국 전체로 넓혀 보면 40분을 걸어서 학교에 다닌 사람이 몇 명이나 될까요? 많지 않을 것입니다. 이런 것을 보면 중학교 때 40분을 걸어서 다닌 것도 특별한 경험입니다. 이 경험을 바탕으로 글을 쓴다면 나만의 글을 쓸 수가 있습니다. 바로 이것이 '독창성'입니다.

이렇듯 독창성은 나와는 상관없는 다른 세계의 이야기가 아닙니다. 내가 살아온 동안 했던 경험을 바탕으로 한 깨달음을 글로 표현하면 나만의 독특한 책이 완성되는 것입니다. 물론 인생의 경험이라는 것이 좋은 경험도 있지만 좋지 않은 경험도 있습니다. 좋지 않은 경험, 특히 실패를 한 경험은 누구나 가지고 있습니다. 실패를 딛고 성공한 경험도 가지고 있을 것입니다. 실패를 통해 내가 깨달은 것, 그리고 실패를 딛고 성공하기 위해 내가 한 노력은 내가 가장 잘 표현할 수 있습니다. 아무리 자서전 대필을 많이 한 경험이 있는 작가라도 내가 쓰는 것만큼의 현실성을 반영하기 힘듭니다. 내 느낌과 깨달음을 가장 잘 표현할 수 있는 것이 나만의 언어이기 때문입니다.

'독창성'을 가지기 위해서는 멀리서 찾지 말고 내 안에서 찾아야 합니다. 나도 내 인생을 돌아보면서 문과와 이과를 모두 경험한 것, 인공지능을 공부한 것을 찾아서 이것을 바탕으로 책을 출간했습니다. 만약 '독창성'을 외부에서 찾으려고 했다면 어떻게 되었을까요? 아마도 나만이 가진 것을 발견하지 못했을 것입니다.

그리고 나만의 '독창성'은 그 누구도 흉내낼 수 없습니다. 다른 사람뿐만 아니라 인공지능도 흉내낼 수 없습니다. 오직 나만이 가진 것이기에 표현을 제대로 할 수 있는 것도 나 자신입니다.

인공지능 시대 책 쓰기를 평생 직업으로 삼으려면 나만의 '독창성'이 반영된 책을 써야 합니다. 그러기 위해서는 내 인생을 돌아보면서 했던 경험과 깨달음을 정리해 보고 이 속에서 찾아야 합니다. 나만의 '독창성'은 외계인을 보는 것 같은 특별한 것이 아니라 내 인생의 경험에 있어서 가장 인상에 남고, 다른 사람과 차별화할 수 있는 것이면 충분합니다. 이것은 누구나 하나씩은 가지고 있습니다. 당신도 당신만의 '독창성'을 빨리 찾기 바랍니다.

'내가 전문가'라는 생각을 가지고 책을 써라

책을 쓴다는 것은 곧, 내가 쓴 책으로 내가 '전문가가
된다'는 것입니다. 이 말은 책을 쓰는 단계에서 '내가 전문
가'라는 마인드를 가지고 써야 한다는 것입니다. 책으로
전문가가 되려면 '나만의 독창적인 것'이 있어야 합니다.
이것은 거창한 것이 아닙니다. '나만의 이야기'를 담으면
됩니다. '내 이야기'는 내 경험이기에 자신 있게 표현을 해
야 합니다. 그렇지 않으면 그 누구도 전문가라고 인정해
주지 않습니다.

이것은 야구를 할 때 투수가 '내 공에 자신감을 가지고
던지는 것'과 같습니다. 특급 투수들의 공통점은 '내 공에
자신감을 가지고 있다'는 것입니다. 이런 투수의 공은 한

가운데로 들어온다고 하더라도 타자가 제대로 맞추기 힘듭니다. 던질 때부터 힘이 있어서 타자와의 힘 싸움에서 밀리지 않기 때문입니다. 그래서 특급 투수는 '내가 던지고 싶은 곳으로 정확히 던질 수 있는 것'입니다.

이와는 반대로 내 공에 자신감이 없으면 원하는 곳에 정확히 던질 수 없고, 스트라이크를 던지지 못합니다. 스트라이크를 던지지 못하는 투수는 절대 좋은 투수가 될 수 없습니다. 바로 이것이 특급 투수와 그렇지 않은 투수를 가르는 차이입니다.

책을 쓰는 것도 마찬가지입니다. '내가 전문가'라는 마인드가 없으면 독자들을 제대로 설득할 수 없습니다. 독자들을 제대로 설득할 수 없는 책을 쓴 사람이 전문가로 인정을 받을 수 없습니다.

나 역시도 '내가 전문가'라는 마인드 없이 책을 쓴 경험이 있습니다. 그 책이 첫 책인 『소통, 경청과 배려가 답이다』입니다. 책을 출간했지만 내 책에 자신이 없었습니다. 그래서 주변사람에게 작가라는 말을 하지 않았습니다. 재미난 것은 책 표지에는 '소통 전문가'라는 문구가 크게 박혀 있었던 것입니다. 그렇지만 나는 이것이 부끄러웠습니다.

내가 왜 부끄러웠는지는 두 번째 책을 쓰면서 알게 되었습니다. 두 번째 책인 『인공지능의 미래 사람이 답이다』를 썼을 때는 내가 전공하고 관심이 있는 '인공지능'에 관한 것이라 그 어느 때보다 자신감이 있었습니다. 이것은 책을 쓰는 내내 나타났습니다. 자신감이 있어서 책을 쉽게 써 내려갔습니다.

이것은 책을 출간하고 나서도 이어졌습니다. 앞선 책과는 달리 두 번째 책은 내가 적극적으로 홍보를 했습니다. 내가 자신감을 가지고 썼기에 부끄러워할 이유가 없었습니다. 이 덕분에 주변 사람의 호응도 좋았고, 나를 작가라고 부르고 전문가로 인정해 주었습니다.

내가 전문가라는 믿음이 생기니 주변의 반응도 달라졌습니다. '인공지능 시대에 사라지지 않을 일자리', '4차 산업혁명'에 대한 것 등 여러 가지 질문을 받았습니다. 이 질문에 나는 자신 있게 답한 것은 물론입니다. 여기에 그치지 않고 대학 교수, 의사, 고등학교 교감 선생님 등 다양한 사람들이 나에게 '인공지능'에 관한 조언을 부탁했습니다.

대학 교수, 의사 등 다양한 직업을 가진 사람들이 나에게 질문을 한 것은 나를 '전문가'로 인정해 주었기 때문입니다. 그보다 더 중요한 것은 내가 나 자신을 전문가라고 인정해 주었기 때문입니다. 내가 나를 '전문가'로 인정하지 않으면서 다른 사람에게 '전문가'로 인정받고 싶다는 것은 '도둑놈 심보'나 마찬가지입니다.

이때 나를 '전문가'라고 인정해 주는 첫 번째 사람은 '나 자신'이라는 것을 깨달았습니다. 내가 나를 '전문가'라고 인정해야 자신감이 생기고, 이것을 본 다른 사람이 '전문가'로 인정해 줄 수 있는 것입니다.

혹시 당신은 '자신감 없는 전문가'를 본 적이 있습니까? 나는 지금껏 그런 사람을 본 적이 없습니다. 전문가는 자기가 잘하는 분야에는 늘 자신감이 있어야 합니다. 그래야 다른 사람을 설득할 수 있는 것입니다.

책을 써서 전문가가 되겠다고 한 사람은 책을 쓰는 단계부터 '내가 전문가'라는 마인드를 가지고 있어야 합니다. 이것은 내가 나를 '전문가'로 인정하는 것입니다. 내가 나를 전문가로 인정할 때 내 책도 설득력이 높아집니다. 설득력이 높으면 전문가가 되는 것입니다.

책을 써서 전문가가 되고 싶습니까? 그러면 책을 쓸 때부터 '전문가'라는 마인드가 필요합니다. 이제는 당신이 전문가가 될 차례입니다. '전문가'라는 마인드를 가지고 책을 쓰십시오. 그러면 전문가가 됩니다.

일기 쓰듯이 책을 써라(스몰 라이팅)

책 쓰기 코칭을 하다 보면 "책 쓰는 것이 어렵다."라고 말하는 사람이 종종 있습니다. 그때마다 나는 "왜 어렵게 느껴지는지"를 묻는데, 대부분이 책으로 쓸 만큼 특별한 경험이나 능력을 가지고 있지 않다고 답합니다.

나 역시도 책 쓰기를 배울 때 이 질문을 많이 했습니다. 그때마다 "누구나 다 특별한 경험과 자기만이 할 수 있는 능력을 가지고 있다.", "단지 그것을 찾지 못했을 뿐이다." 라는 답변이 되돌아왔습니다. 나는 이때까지만 해도 이 말의 뜻을 제대로 이해하지 못했습니다. 그런데 두 번째 책을 출간한 후 이 뜻을 깨달았습니다.

나는 두 번째 책을 출간하고 다른 작가들과 교류를 하

기 시작했고, 책 쓰기 과정을 오픈하려고 이것저것 알아보기 시작했습니다. 그러던 중 부족한 점을 채우고, 책 쓰기 과정에 대해서 자세히 알아보고자 한 출판사의 책 쓰기 과정을 등록했습니다. 이 과정이 출판사에 있는 강의실에서 진행되는 것이어서 그 출판사를 통해 출간한 작가들의 책을 볼 수 있었습니다. 이때 시간 관계상 책을 다 읽지는 못했고, 작가의 프로필만 살펴보았습니다.

작가의 프로필과 책 제목을 대조하는 과정에서 작가 개인이 가장 잘하는 것, 가장 관심이 있는 것을 주제로 책을 썼다는 것을 알았습니다. 게다가 다들 하나씩 잘하는 능력이 있다는 것을 알게 되었습니다. 이것을 보고 나는 누구나 한 가지씩은 잘하는 것이 있다는 것을 깨달았습니다. 이 과정에서 나에게는 평범한 경험이라도 다른 사람에게는 특별하게 다가오는 것이 있다는 것도 알았습니다. 즉, 내가 특별한 능력을 가지고 있지 않고, 특별한 경험도 없다는 것은 편견이라는 것을 알았습니다.

이후 나는 내 책에 내 경험을 담기 시작했습니다. 처음에는 내 책에 내 경험을 담는다는 것이 부끄럽기도 했고,

'이것이 옳은 것인가'하는 생각도 했습니다. 하지만 수정을 하려면 원고를 전부 고쳐야 하기에 그냥 쓰는 걸로 했습니다. 이렇게 해서 나온 책이 『1년 100권 독서법』과 『스몰 리딩』입니다.

책 출간 후 독자들이 가장 흥미를 느낀 부분이 내 이야기를 쓴 부분이라고 해서 놀랐습니다. 이유를 물어 보니 작가 자신의 이야기이기 때문이라고 했습니다. 이 말은 독자는 책을 통해 작가의 이야기를 듣고 싶어한다는 것입니다. 그리고 그 이야기는 내가 경험을 통해 깨달은 것이어야 합니다.

사실 내 책에 내 이야기는 일기를 쓰듯이 썼습니다. 이 말은 내가 했던 경험을 다른 사람에게 이야기하듯이 쓰는 것입니다. 다른 사람과 이야기 할 때 이야기가 술술 나오고, 듣는 사람이 이해하기 쉬운 경우는 내 경험을 말할 때입니다. 내 경험을 이야기할 때는 지어낼 필요도 없고, 있는 그대로 이야기하면 되기 때문입니다.

책을 쓰는 것도 마찬가지입니다. 책 쓰는 것이 어렵다고 생각하면 어렵게 느껴집니다. 하지만 일기 쓰듯이 쓴다면 쉽게 쓸 수 있습니다. 또한, 책에는 전문적인 용어를 사용해야 되고, 특별한 이야기를 담아야 한다고 생각을 하는 경우가 많습니다. 이것은 편견일 뿐이고, 내 책에는 내 이야기를 쓰면 됩니다.

내 이야기가 나에게는 평범할지 몰라도 다른 사람에게는 특별하게 느껴질 수도 있습니다. 내가 중학교 시절 40분을 걸어서 등교한 것은 나와 같은 동네에 살고 같은 학교를 다닌 사람에게는 특별한 것이 아니지만, 이런 것을 경험하지 못했던 사람에게는 특별한 것으로 느껴질 수 있습니다. 이처럼 책을 쓸 때는 편견과 선입견을 깨는 것이 중요합니다. 책에 특별한 내용을 담으라고 해서 특별한 것을 찾는 것이 아니라 내가 경험한 것 중 인상 깊었던 것을 담으면 됩니다. 즉 일기 쓰듯이 책을 쓰면 되는 것입니다.

내가 경험한 것을 담을 때 책을 보다 쉽게 쓸 수 있습니다. 당신은 특별한 능력이나 경험이 없다고 생각하십니까? 이것은 편견과 선입견입니다. 이제는 알을 깨고 나와서 나만의 책을 써 보기 바랍니다. 당신은 할 수 있습니다.

책 쓰기 지금 시작하라

내가 글쓰기를 처음 배웠을 때 내 발로 직접 찾아간 것이 아니라 지인에게 끌려가다시피 해서 상담을 받았습니다. 원래는 상담만 받고 등록은 안 하려고 했는데, 그때 상담하던 작가님이 했던 "굳이 책 쓰기가 아니더라도 글쓰기는 배워두면 쓸 데가 많아요."라는 말에 속는 셈치고 등록을 했습니다.

초기에는 수강을 취소하고 돈을 환불받으려고도 했지만 상담 때 "후회는 안 한다"는 말을 뱉은 터라 포기할 수 없었습니다. 나는 한 번 뱉은 말은 지키려고 하기 때문에 계속하게 되었습니다.

지금 와서 생각해보니 그때 포기했더라면 내가 네 권의

책을 출간하고 '작가님'이라는 소리를 들을 수 없었을 것입니다. 어찌 되었든 나는 즉시 실행에 옮겼기 때문에 책을 출간할 수 있었습니다.

책 쓰기 특강을 하면서 종종 '아직 준비가 되지 않아서' 책 쓰기가 겁난다고 하는 사람을 봅니다. 이들에게 나는 "준비가 되지 않았다고 말하는 사람은 준비만 하다가 책을 못 씁니다."라는 말을 합니다. 내 말을 듣고 마음을 바꾼 사람은 즉시 시작하지만 그렇지 않은 사람은 계속 준비만 합니다.

이왕 책을 쓰겠다고 한다면 지금 즉시 쓰는 것이 좋습니다. 준비만 계속하는 것은 시간 낭비입니다. 이것은 운전을 하는 것과 같습니다. 운전면허를 땄다면 내 차가 없더라도 부모님 차를 운전하면 되지, 꼭 내 차가 있어야 되는 것은 아닙니다. 운전은 계속해야 실력이 향상됩니다.

나는 군 제대 후 운전면허를 따고 한동안 운전할 생각을 안 했습니다. 그 이유가 내 차가 있으면 그때 운전하겠다고 생각했기 때문입니다. 그래서 운전을 시작한 것이 남들보다 늦었습니다. 이것은 지금도 가장 후회하는 부분입니다.

책 쓰기도 마찬가지입니다. 준비만 하다가 쓸 기회를 놓치는 사람을 나는 많이 봐왔습니다. 나보다 11살 많은 지인에게도 책 쓰기를 결심했다면 즉시 행동으로 옮기라고 조언했고, 지금은 출간을 앞두고 있습니다.

책은 수많은 수정을 거쳐서 출간됩니다. 실수 없이 완벽하게 하려고 미루다 보면 영원히 할 수 없습니다. 차라리 실수를 통해 배우는 것이 더 빠른 길입니다. 그러니 주저하지 말고 지금 실행하십시오.

책 쓰기를 처음부터 잘하는 사람은 거의 없습니다. 대부분 후천적인 노력을 통해서 잘하게 된 것입니다. 여기서 후천적 노력이란 지속적으로 쓰는 것을 말합니다. 그러니 겁먹지 말고 지금 당장 시작하십시오.

책 쓰기는 나이가 많다고 해서 늦은 것이 아닙니다. 오늘 결심하고 쓰는 것이 아니라 내일로 미룰 때가 늦은 것입니다. '늦었다'고 생각할 때가 가장 빠른 때입니다. 그러니 지체하지 말고 실행으로 옮기십시오.

버킷리스트에 '책 쓰기'가 있나요? 그렇다면 지금 당장 책 쓰기를 실행하기 바랍니다. 미루다 보면 책 쓰기는 영원히 할 수 없습니다. 나도 처음부터 책을 잘 썼던 것은 아닙니다. 결심하고 즉시 실행을 해서 책을 출간하게 된 것입니다. 그러니 즉시 실행하시기 바랍니다.

책 쓰기 하루에 조금씩 꾸준히 하라

버킷리스트에 '책 쓰기'가 있는 사람은 많지만, 대부분 이를 실행으로 옮기는 데 주저합니다. 나 역시 처음에는 그랬습니다. 안 그래도 글을 쓰는 데 트라우마가 있어서 엄두도 내지 못했습니다. 글 한 줄 쓰는 것도 나에게는 용기가 필요했습니다. 하물며 A4지로 100페이지 가까이 써야 하는 책 쓰기는 엄두를 내지 못했습니다. 그래서 첫 책을 출간하기까지 1년이라는 시간이 걸렸습니다.

첫 책을 출간하고 나서 두 번째 책을 출간하기까지는 채 1년이 걸리지 않았습니다. 기획부터 초고 완성, 편집 및 출간까지 10개월 정도 걸렸습니다. 세 번째 책은 대략 8개월 정도 걸렸습니다. 이것을 내가 순수하게 초고를 완성하는 데까지 걸린 시간을 본다면 편집 및 출간을 하는 시간 2개월을 뺀다면 2개월씩 줄어나갔습니다.

내가 이렇게 책을 낼 때마다 초고 완성하는 시간을 줄일 수 있었던 것은 물론 네 권을 쓰는 동안 노하우가 쌓여서 책 쓰는 요령이 붙어서인 것도 있습니다. 그보다 더 중요한 요인은 바로 매일 글을 쓴 것입니다.

책을 쓸 때 매일 글을 쓴다고 해서 모든 부분이 책에 반영되는 것은 아닙니다. 어떤 날은 내용의 80% 정도가 마음에 들었다면, 또 어떤 날은 쓴 내용 모두가 마음에 들지 않는 날도 있었습니다. 이런 날은 원고 쓴 것을 지워버리기도 했습니다. 그래도 나는 실망하지 않았습니다. 인생에서 이런 날도 있고 저런 날도 있기 때문입니다. 모든 것에 신경을 쓴다면 스트레스가 쌓여 진도가 나가지 않습니다.

내가 하루에 조금씩 꾸준히 쓴 이유는 책을 쓰는 데 부담을 최소화하기 위해서였습니다. 두 번째 책을 쓸 때까지 하루에 두세 꼭지씩 쓰겠다고 결심하고 썼습니다. 내가 이렇게 한 이유는 초고를 완성하는 시간을 줄이고, 출간을 빨리 하고 싶었기 때문입니다.

하지만 계획대로 되지 않았습니다. 내가 감당할 수 있는 능력을 알지 못하고 목표를 높게 잡은 것을 간과했습니다. 이 때문에 진도가 늦어져 계획이 틀어지면서 계획을 계속 수정할 수밖에 없었습니다. 이렇게 되면 결과적으로 책 출간이 늦춰질 수밖에 없습니다. 이때 나는 '책을 쓰는 데 있어서는 욕심을 내서는 안 된다.'는 것을 깨달았습니다.

그래서 세 번째 책부터는 하루에 조금씩 꾸준히 쓰는 것으로 계획을 변경했습니다. 내가 할 수 있을 만큼 계획하고 글을 쓰니 능률이 올랐고, 계획을 수정하지 않아도 되었습니다. 그 결과 예정된 기간보다 3일 빨리 초고 작업을 끝낼 수 있었습니다.

하루에 조금씩 글을 쓰다 보니 질적인 측면에서도 이전의 책보다 더 좋아졌습니다. 실제 독서모임 사람들과 북토크를 할 때 "이전 책보다 내용의 흐름이 좋아서 읽기가 쉬웠다."는 말을 들었습니다. 이것은 하루에 조금씩 쓰니 그만큼 이것에 집중을 해서 쓸 수 있었기 때문입니다.

나는 하루에 조금씩 꾸준히 쓰는 것으로 책을 효율적

으로 쓰게 되었습니다. 이것은 내 책 『1년 100권 독서법』에서 주장한 '스몰리딩'과 맥락이 맞닿아 있습니다. 이런 이유로 나는 '매일 조금씩 꾸준히 쓰는 것'을 '스몰 라이팅(Small Writing)'이라고 이름 붙였습니다.

'스몰 라이팅'도 '스몰리딩'과 마찬가지로 단기간에 효과가 나타나지 않습니다. 최소 3개월 이상 꾸준히 해야 효과가 나타납니다. '스몰라이팅'의 효과는 차석호가 보장합니다. 내가 이것을 통해 효과를 봤기 때문에 권하는 것입니다.

'나도 할 수 있다'는 믿음을 가져라

책 쓰기 특강을 하고 난 후 수강생들의 반응은 두 부류로 나뉩니다. 첫 번째는 특강을 듣고 즉시 책 쓰기를 하는 사람이고, 두 번째는 "생각해보겠다"라는 말을 하는 사람입니다. 이 두 부류 중 실제 책을 쓰고 출간하는 것은 첫 번째 부류에 속한 사람입니다.

책을 쓰겠다고 결심하고 즉시 실행에 옮기는 사람은 그만큼 간절함이 있는 것입니다. 간절함이 있으면 즉시 실행할 수 있는 추진력이 생기는 것입니다. 반면에 생각해보겠다고 하는 사람은 '책 쓰는 것'에 확신이 없는 사람입니다. 이런 사람은 스스로 지금 못하는 이유를 만들어 냅니다. 또한, 이들은 훗날 실행에 옮길 확률도 떨어집니다.

나도 처음부터 책을 쓰겠다고 생각한 것은 아닙니다. 초등학교 시절 일기를 쓰라는 숙제가 있었고, 이것을 선생님께 검사를 맡았습니다. 하루는 선생님께서 내 일기장에서 '페널티 킥'을 '페날터킥'이라고 쓴 것을 본 후 맞춤법이 틀렸다고 하면서 망신을 준 적이 있었습니다. 이때부터 글을 쓰는 것이 두려웠습니다. 게다가 중학교 시절에 독후감을 쓰는데 선생님이 원하는 방향의 독후감이 아니라 내 생각을 써서 꾸지람을 들은 적도 있어서 '책을 쓰겠다'는 생각을 하지 않았습니다.

글쓰기에 대한 두려움은 고등학교 시절에도 계속되었습니다. 고등학교 1학년 때 '작문'이라는 과목이 있었는데, 이 과목은 매주 글 한 편을 쓰는 숙제를 내줬습니다. 이 숙제가 어떤 숙제보다 나에게는 힘이 들었습니다. 다만 고등학교 때가 이전과 다른 것은, 선생님께서 내 글을 가지고 공개적으로 뭐라고 하지 않았던 것입니다. 물론 숙제 노트에는 빨간색 펜으로 첨삭을 했습니다.

이렇게 글 쓰는 것을 두려워하던 내가 2014년 책 쓰기 강의를 듣게 되었고, 2015년에는 첫 책을 쓰기 시작했습니다. 이것이 책 쓰기 과정을 수료한 지 얼마 되지 않은 시점이었습니다.

책 쓰기 과정을 수료했다고 하더라도 책 쓰기에 대한 두려움은 여전히 남아있었습니다. 그래도 책을 썼던 이유는 이미 주변 사람에게 내 입으로 말해버렸기 때문입니다.

누구의 강요도 아닌 내 입으로 말했기에 책을 쓸 수밖에 없었습니다. 첫 책이라 이 기간이 1년 가까이 걸렸고, 내 원고를 받아주는 출판사가 없어서 자비출판으로 출간을 했습니다.

첫 책은 내가 보기에도 부끄러운 수준이라 작가라고 말하기에도 뭐해서 내 입으로 '작가'라고 말하지 않았습니다. 그래도 한 가지 뿌듯했던 것은 내가 책을 냈다는 것입니다. 한편으로는 내가 그때 책을 쓰겠다고 결심하고 바로 실행에 옮기지 않았다면 '세 권의 책을 더 쓰지도 못했고, 이 책도 쓰지 못했을 것'이라는 생각이 들었습니다.

이처럼 한 번 결심하면 바로 실행에 옮기는 것이 결과를 가져올 수 있습니다. 실행에 옮긴다는 것은 '나도 할 수 있다', '해내고 말겠다'는 강한 믿음을 가지고 있는 것입니다. 책을 쓸 때도 '나도 할 수 있다'는 믿음이 있어야 비로소 결과물을 만나 볼 수 있습니다.

책 쓰기로 인생을 바꾸고 싶은 열망이 있습니까? 책 쓰기로 전문가가 되고 싶습니까? 그렇다면 '나도 할 수 있다'는 자신감을 가지고 지금 즉시 실행하십시오.

책에 내 경험을 담아라

　많은 사람이 책을 쓰는 데 어려움을 느낍니다. 그 이유
는 여러 가지가 있겠지만, 그중 가장 큰 이유가 '책에는 특
별한 것을 담아야 한다'는 생각을 갖고 있기 때문입니다.
물론 책에는 특별한 것이 담겨야 합니다. 그런데 대부분
'특별한 것'이라고 하면 어렵게 생각을 합니다. 사실 '특별
한 것'은 독자들이 경험하지 못한 것입니다. 즉 내가 경험
을 통해 깨달은 것이 특별한 것입니다.

　나도 처음부터 책에 내 경험을 쓴 것은 아닙니다. 첫 책
인 『소통, 경청과 배려가 답이다』에서는 내 이야기가 10퍼
센트도 되지 않았습니다. 대부분이 다른 작가의 책이나
다른 사람의 이야기를 인용한 것이었습니다. 결과적으로

이 책은 독자들에게 많이 선택받지 못했습니다. 그때는 이유를 몰랐지만 지금은 알고 있습니다. 독자들은 작가의 이야기를 듣고 싶어하지 굳이 내 책에서까지 다른 작가의 이야기를 듣고 싶어하지 않습니다. 이런 사실을 세 번째 책인 『1년 100권 독서법』을 쓰면서 깨달았습니다. 그래서 이 책에는 내 경험이 많이 들어갔습니다.

나도 처음 '내 경험'에 대해서 썼을 때 '이것을 과연 독자들이 좋아할까?', '이것이 특별한 것이 될 수 있을까?'라는 생각을 했습니다. 그도 그럴 것이 나는 평범한 삶을 살았기에 특별한 것이 없다고 생각했습니다. 내 생각이 잘못되었다고 느낀 것은 책 쓰기 수업을 수강하고 나서였습니다.

당시 나는 특별한 것이 없어서 겨우 생각해냈던 것이 '문과와 이과를 모두 경험한 것'이었습니다. 대학교 때 컴퓨터과학을 전공해서 고등학교 시절에 '이과'를 선택했다고 생각하겠지만 나는 고등학교 때 '문과'를 선택했습니다. '문과'를 선택한 것이 '수학'때문인 것도 있지만 과학을 더 못했기 때문입니다. 그런데도 컴퓨터에 관심이 많았고, 컴퓨터 관련 공부를 하고 싶어서 수능이 끝나고 이과에 교차 지원을 했습니다.

문과생이 이과에 교차 지원을 하면 핸디캡이 있습니다. 이것 때문에 나는 예비순위 2번으로 겨우 합격했습니다. 이것이 내가 대학교 시절 이과를 공부한 계기가 된 것입니다. 입학하고 나서 안 사실인데 나 말고 서너 명 정도가 문과에서 이과로 교차 지원한 것을 알았습니다. 그래서 문과와 이과를 둘 다 경험한 것이 특별한 것이 아니라는 것을 알았습니다.

그런데 대학교 졸업 후 사회생활을 하고 책 쓰기를 하면서 이런 부분이 특별한 경험이라는 것을 깨달았습니다. 특히 인공지능에 대해서 잘 알고, 인공지능 전문가라고 하면서도 인문학에 관해 이야기할 때 내 경험이 도움이 되었습니다.

내가 또 한 가지 특별한 경험이라 느꼈던 것이 바로 '고등학교 1학년 때까지는 생선회를 전혀 먹지 못했다'는 것입니다. 내가 태어난 곳은 '삼천포'라고 하는 바닷가에 위치한 작은 도시였고, 지금 사는 곳 역시 바다가 있는 부산이기에 생선회를 못 먹었다고 하면 의아하게 생각합니다.

이런 경험이 책을 쓰기 이전까지는 '내 삶의 경험' 정도로 생각했지 특별한 것이라 생각하지 못했습니다.

책을 쓰면서 이러한 것이 특별한 것이라 생각을 하고, 이런 이야기를 책에 많이 쓰기도 합니다. 이것을 본 독자들의 반응은 놀라웠습니다. 이것을 보고 특별한 경험을 멀리서 찾을 필요는 없다는 것을 깨달았습니다.

이 책을 쓰는 지금 내가 하고 있는 이야기도 전혀 특별한 것이 아닙니다. 어떻게 보면 평범한 것일지도 모릅니다. 하지만 이를 통해 깨달은 것은 특별한 것입니다. 왜냐하면 이런 깨달음은 '오직 나만이 할 수 있는 것'이기 때문입니다.

책을 쓸 때 내 경험을 담는다는 것은 결국 내 경험을 통해 깨달은 것을 담는 것입니다. 같은 경험을 하더라도 깨닫는 것이 다르기 때문에 바로 이것이 '특별한 것'이 될 수 있기 때문입니다. 책은 특별한 깨달음을 담는 것입니다. 이제 당신도 당신 책에 당신만의 특별한 깨달음을 담아 보십시오.

내 경험은 그 누구도 흉내낼 수 없다

책을 쓸 때 나만의 특화된 것을 가장 잘 표현할 수 있는 방법은 내 경험을 담는 것입니다. 내 경험은 내가 경험한 것도 있지만 경험을 통해 깨달은 것이 궁극적인 경험이라 할 수 있습니다.

내 경험은 다른 사람뿐만 아니라 인공지능도 흉내낼 수 없는 부분입니다. 같은 데이터베이스, 같은 프로그램을 사용하는 컴퓨터로 이루어진 인공지능은 각자 다른 경험을 할 수 없습니다. 게다가 인공지능은 인간처럼 추론을 할 수 없고, 재해석을 통한 재창조를 할 수 없기에 경험을 흉내낼 수 없습니다.

인간의 경우 같은 경험을 해도 깨닫는 것이 개인마다

다 다른 이유는 재해석하는 과정이 개인마다 다르기 때문입니다. 깨닫는 과정에서 생각을 하는 과정이 포함되기에 똑같은 깨달음을 얻을 수 없습니다. 제아무리 일란성 쌍둥이라고 하더라도 생각은 제각각이라는 것과 일맥상통합니다.

내 친구 중에 일란성 쌍둥이가 있습니다. 이들 중 한 명은 문과를, 다른 한 명은 이과를 선택했습니다. 이것은 쌍둥이도 생각이 다르다는 것을 보여주는 것입니다. 만약 쌍둥이의 생각이 같다면 둘 다 문과를 선택하거나 둘 다 이과를 선택했을 것입니다. 그렇기 때문에 쌍둥이라도 경험을 통한 깨달음은 다른 것이 정상입니다. 즉, 내 경험은 그 누구도 흉내낼 수 없는 것입니다.

책을 쓸 때도 아무리 같은 소재를 가지고 쓴다고 해도 작가마다 내용이 다른 것은 결국 그 누구도 내 경험을 흉내낼 수 없다는 것입니다. 결국 다른 작가의 책과 차별성을 주기 위해서는 내 경험을 포함시킨다는 것입니다. 내 경험은 오직 나만 제대로 표현할 수 있고, 상대에게도 쉽게 설명할 수 있는 것입니다.

나는 고등학교 시절은 문과를 선택했고, 대학교 때는 이공계를 전공했습니다. 그래서 문과생과 이과생의 특성을 모두 알고 있습니다. 이것은 책을 쓰는 데 있어서 큰 도움이 됩니다. 작가 중에 문과와 이과를 전공한 사람은 많이 없고, 게다가 인공지능에 관한 책을 쓴 작가는 나밖에 없습니다. 이것이 내가 가진 가장 큰 장점입니다.

나는 내가 가진 장점을 극대화해서 책을 씁니다. 문과와 이과를 모두 경험하고 인공지능을 공부한 사람은 많지 않으니 문과생과 이과생 모두에게 이해할 수 있는 인공지능 관련 책을 쓸 수 있는 사람은 나 차석호밖에 없습니다. 이런 것을 흉내낼 수 있는 사람은 그 누구도 없습니다.

내 책이 다른 작가의 책과 차별이 있는 것은 내가 그들보다 가진 지식이 많아서가 아니라 나만이 했던 경험이 있고, 이것을 풀어 쓸 수 있는 사람은 나밖에 없기 때문입니다. 이렇듯 내 경험은 그 누구도 흉내낼 수 없습니다. 이것이 책을 쓰는 데 있어 가장 중요하게 생각해야 할 부분이고, 내 책에 중점적으로 담아야 하는 부분입니다.

하루에 조금씩 꾸준히 쓰는
'스몰 라이팅(Small Writing)'

나는 책 쓰기를 하는 사람에게 하루에 조금씩 꾸준히 쓰라고 조언합니다. 내가 책을 쓰는 사람에게 하루에 조금씩 꾸준히 쓰는 '스몰 라이팅(Small Writing)'을 권유하는 이유는 직장을 다니면서도 얼마든지 할 수 있기 때문입니다. 나는 첫 책인 『소통, 경청과 배려가 답이다』(필명 '선태유'로 출간)를 썼을 때 직장생활을 했습니다. 당시 나는 퇴근 후 시간을 이용해서 했습니다.

나는 직업상 회식이 많지 않았기 때문에 퇴근 후 시간을 자유롭게 이용할 수 있었습니다. 퇴근 후 약속이 없으면 집 근처 카페에서 차 한 잔 시켜 놓고 노트북을 펼쳐 책을 쓰기 시작했습니다. 물론 이때는 욕심이 많아서 하루에 두세 꼭지를 쓰겠다고 생각했습니다. 하지만 매번 생각대로 되지 않았습니다. 이 때문인지는 몰라도 6개월 만에 쓰겠다고 결심한 것이 한 달 두 달 늘어나면서 10개월이 걸렸습니다.

초고를 쓰는 데 10개월이 걸리고 퇴고, 편집, 출간하기까지 2개월의 시간이 걸려서 총 1년 만에 첫 책이 나왔습니다. 책을 출간하고 나니 결과물이 나와서 뿌듯했습니다. 이때 나는 회사를 다니면서도 충분히 책을 쓸 수 있다고 확신을 했습니다.

첫 책이 출간되고 6개월이 지난 후 두 번째 책인 『인공지능의 미래 사람이 답이다』(필명 '선태유'로 출간)를 기획하게 되었습니다. 이때는 초반 3개월은 직장을 그만 둔 상태라 시간에 구애를 받지 않고 책을 썼습니다. 하지만 초고를 40% 정도 썼을 때 직장을 구하게 되어 직장 일과 병행해서 할 수밖에 없었습니다. 이때도 할애할 수 있는 시간은 퇴근 후 시간이었습니다.

두 번째 회사에는 가끔 야근이 있었고, 월 1회 회식도 있었지만 책을 쓰는 데 아무런 방해가 되지 않았습니다. 두 번째 책을 기획하면서 매일 글을 쓰고 있었고, 첫 번째 책도 퇴근 후에 쓴 경험이 있기 때문입니다. 물론 첫 번째 책을 쓸 때와 달라진 것도 있었습니다.

첫 번째 책을 쓸 때는 목표를 너무 높게 잡았습니다. 하루에 세 꼭지를 쓰겠다고 계획을 하는 바람에 출간까지 시간이 많이 걸렸습니다. 이것을 교훈 삼아 이번에는 하루에 5페이지를 쓰겠다고 결심했습니다.

하루에 5페이지를 쓰는 것은 하루에 세 꼭지 쓰는 것보다는 훨씬 쉬웠습니다. 보통 세 꼭지는 8~10페이지 분량입니다. 이번에는 절반 가까이 줄어서 쉽게 쓸 수 있을 것이라 생각했습니다. 하지만 야근 때문에 채 한 달을 가지 못했습니다.

야근을 하고 집 근처 카페에서 책을 쓰면 피로로 인해 집중이 되지 않았습니다. 그래서 하루에 5페이지를 못 쓰는 경우가 더 많았습니다. 이때도 당초 잡은 6개월보다 2개월 더 걸려 초고를 완성했습니다.

책 두 권을 출간하면서 '목표를 크게 잡지 않아야 된다'

는 것을 뼈저리게 느꼈고, 세 번째 책부터는 '하루에 두 페이지 쓰기'를 목표로 잡았습니다. 하루 두 페이지 쓰기는 부담도 없을뿐더러, 익숙해지면 시간이 얼마 걸리지 않습니다. 또한, 일부러 책 쓸 시간을 뺄 필요 없이 자투리 시간을 활용해서 할 수 있습니다. 세 번째 책을 썼을 때는 두 권의 책을 출간한 경험이 있어서 글을 쓰는 시간이 단축되었습니다. 하루에 두 페이지 쓰는 것이 두 시간도 걸리지 않았습니다. 이 때문인지 몰라도 정해진 기간보다 3일 빨리 초고를 완성할 수 있었습니다.

세 번째 책을 출간하고 '책 쓰기 코칭'을 하면서 직장인들에게 맞는 책 쓰기 방법을 생각하게 되었습니다. 책 쓰기 코칭을 받는 사람 대부분이 직장인이라 직장인에게 맞는 책 쓰기 방법을 생각하게 되었습니다. 이것은 직장인뿐만 아니라 대부분 사람에게 적용되는 것입니다. 그러던 중 '스몰 리딩'이라는 것에서 힌트를 얻게 되었고, 이때 생각한 것이 하루에 조금씩 꾸준히 쓰는 '스몰 라이팅(Small Writing)'이었습니다.

하루에 한 시간 꾸준히 쓴다면 충분히 책을 쓸 수 있습니다. 바로 이 책이 '스몰 라이팅' 방법으로 쓴 것입니다. 내가 써 보고 효과가 있어야 다른 사람에게 권해 줄 수 있기 때문에 내가 가장 먼저 이 방법을 사용해서 책을 쓴 것입니다.

이 방법은 누구나 하루에 한 시간 정도는 자투리 시간을 이용해 글을 쓸 수 있기 때문입니다. 잠자기 전, 퇴근 후 카페에서 얼마든지 쓸 수 있고, 효과도 높습니다. 또한 직장 생활에 지장을 주지 않기 때문에 부담 없이 할 수 있습니다.

직장 생활 때문에 책 쓰는 것이 엄두가 나지 않습니까? 지금부터 '스몰 라이팅'을 통해 책 쓰기를 시작하십시오. 그러면 책을 쓸 수 있고, 전문가가 될 수 있습니다.

독창적인 글을 독자들이 이해하기 쉽게 써라

책을 쓸 때 가장 중요한 요소를 꼽으라면 첫 번째로 꼽는 것이 바로 '독창성'입니다. '독창성'이라고 하면 전문 지식이 있어야 하고, 특별한 경험이 있어야 한다고 생각하는 사람이 많습니다. 또한, 특별한 능력이 있어야 된다고 생각하는데, 이것은 편견에 불과합니다.

독창적인 글을 쓰기 위해서는 독창적인 주제가 있으면 좋은데, 독창적인 주제를 찾는 것은 쉽지 않거니와 거의 없습니다. 그러하면 독창적인 글을 어떻게 쓰면 될까요? 그것은 내가 했던 경험을 나만의 언어로 표현하면 됩니다.

얼마 전 구글 미니 AI 스피커를 구입했습니다. AI 스피커를 이용해서 많은 것을 테스트 해 봤습니다. 내가 태어나고 자랐던 '삼천포'를 검색해 달라고 했는데, 지명인 삼천포가 아니라 삼천포라는 이름이 들어간 가게를 검색해서 알려줬습니다. 이것을 보고 처음에는 삼천포가 유명하지 않아서 그런 줄 알았습니다. 이때 순간적으로 혹시나 시·군 통합으로 인해 예전 지명을 검색할 수 없어서 그런 것일 수 있겠다는 생각을 했습니다(참고로 '삼천포'는 1995년 사천과 통합해 사천시가 되었습니다).

이 사실을 떠올리고 충무를 검색해 달라고 했습니다. 아니나 다를까 AI 스피커는 '충무'라는 이름이 들어간 가게를 검색해줬습니다. 충무라고 하면 충무김밥이 먼저 떠올라서인지는 몰라도 충무김밥집이 대부분이었습니다. 충무란 지명 역시 1995년 통영과 통합되어 통영시가 되었습니다. 이것을 통해 구글 AI 스피커에서는 옛 지명을 검색할 수 없다는 것을 알았습니다. 이 사실을 깨닫고 관련 영상을 촬영해 유튜브에 올렸습니다. 유튜브에는 AI 스피커 관련 영상이 많지만 이런 영상은 없었습니다. 바로 이것이 나만이 할 수 있는 독창성입니다.

나는 AI 스피커를 사용하는 동영상을 제작하면서 쉬운

말로 표현했습니다. AI 스피커는 뉴스를 읽어 주는 기능이 있습니다. 여기서 뉴스란 TV나 라디오를 통해 제작된 뉴스를 말합니다. 즉, 음성으로 녹음된 뉴스만 읽어줄 수 있는 것입니다. 그래서 아무리 검색해도 글로만 작성된 뉴스는 검색할 수 없습니다.

AI 스피커로 뉴스 검색을 하면서 '최신 뉴스 거시기 해 줘'라고 말을 했습니다. 내 음성을 들은 AI 스피커는 최신 뉴스를 찾아줬습니다. 그렇다면 여기서 한 가지 의문이 생기는데, AI가 '거시기'라는 말을 알아들은 것일까요? 정답은 알아듣지 못했습니다. 내 목소리에 '최신뉴스'라는 뜻이 명확한 단어가 있었기에 최신 뉴스를 검색할 수 있었던 것입니다. AI가 이용하는 빅 데이터 검색은 '최신뉴스 거시기'라고 하면 최신뉴스나 거시기 둘 중 하나만 이해해도 찾아 줄 수 있게 설계가 되어 있습니다. 그래서 검색을 할 수 있었던 것입니다. 반대로 '최신 거시기'라고 하면 알아듣지 못하는데, 이것이 바로 거기기를 이해하지 못한다는 것을 보여주는 것입니다.

나는 이것을 주제로 글을 쓰고 동영상을 제작했습니다.

이런 류의 글이나 동영상은 찾아볼 수 없기에 나만의 독창적인 것이 될 수 있습니다. 결과적으로 이것은 독자들의 관심을 끌기도 했습니다. 결국 '독창성'이란 멀리 있는 것이 아닙니다. 일상에서 접할 수 있는 것을 나만의 방식으로 표현하는 것이 진정한 의미의 '독창성'입니다.

이처럼 독창성이 있는 글은 관심을 끌게 되는데, 그렇다고 해서 독창성 있는 글 모두가 그런 것은 아닙니다. 독창성이 있는 글 중에서 독자들이 이해하기 쉬운 글이 관심을 더 많이 끌게 됩니다. 이 말은 아무리 독창성이 있는 글이라 하더라도 독자들의 관심이 없다면 그저 그런 글에 불과하고, 이런 글을 담은 책은 독자의 선택을 받을 수 없는 것입니다.

내가 만든 AI 스피커에 대한 글과 동영상이 관심을 끌 수 있었던 것은 다른 사람이 하지 않았던 것을 한 것이 결정적이었습니다. 그렇다 하더라도 이것을 어렵게 표현했다면 관심을 끌지 못하고, 묻혔을 것입니다. 이것은 독창적인 것이라도 독자들이 이해하기 쉽게 표현해야 관심을 끈다는 것입니다.

특허나 책을 쓸 때는 철저하게 독자들의 입장에서 써야 됩니다. 내 책을 읽는 사람은 결국 독자이기 때문에 독자의 입장을 가장 먼저 생각해야 합니다. 내 책이 논문이나 전공서적이 아닌 이상 독자들은 전공자보다 비전공자가 훨씬 많습니다. 그들의 관심을 이끌어 내려면 이해하기 쉬운 글로 표현해야 합니다.

이처럼 책을 쓰는 데 있어 핵심 포인트는 '독창적인 글을 얼마나 독자가 이해하기 쉽게 쓰느냐'입니다. 제아무리 독창적인 글이라 하더라도 전공용어가 많이 들어가서 비전공자가 다수인 독자들이 이해하기 어렵다면 좋은 책이 될 수 없는 것입니다.

책이란 불특정 다수의 독자가 읽는 것입니다. 작가는 이들 한 명 한 명의 특징을 모두 반영할 수도 없고, 반영하기도 힘듭니다. 그렇다 하더라도 이해하기 쉬운 나만의 글을 쓴다면 독자들에게 선택을 받을 수 있는 것입니다. 독창성은 이해하기 쉬울 때 그것이 더욱 빛나기 때문입니다.

쉬운 글로 책을 써야 하는 이유

내가 이 책에서 말하는 책 쓰기는 실용서입니다. 실용서란 독자층이 전공서적에 비해 넓은 것이 특징입니다. 이 말은 실용서를 보는 사람이 전공자보다는 비전공자가 많다는 뜻입니다.

'선태유'라는 필명으로 출간한 두 번째 책인 『인공지능의 미래 사람이 답이다』의 타킷은 20~40대 대학생, 직장인입니다. 이들 중 나처럼 컴퓨터 관련 전공을 한 사람의 비율이 얼마나 될까요? 많이 잡아야 15% 정도일 것입니다. 나머지 85%의 사람들은 비전공자들입니다. 내 책의 타킷 중 비전공자의 비율이 높기 때문에 책을 어렵게 쓸 수가 없었습니다. 그래서 많이 고민한 것이 '어떻게 하면 인공지능에 대해서 보다 쉽게 설명할 수 있을까'였습니다. 고민 끝에 내린 결론은 전공용어를 쉽게 설명하는 것이었습니다.

『인공지능의 미래 사람이 답이다』에서는 '인공지능'에 대한 설명은 필수적으로 들어가야 되는 요소였습니다. 여기에는 많은 전공용어를 사용할 수밖에 없는데 이를 쉽게 설명하는 것이 쉬운 일을 아니었습니다. 이것 때문에 많은 시간을 고민했는데, 결론은 일상생활에서 접할 수 있는 것에 비유하는 것이었습니다.

인공지능에 대해 설명을 하면 직렬연결과 병렬연결을 설명해야 하는데, 이것을 전공책에 나와 있는 대로 설명하는 비전공자들은 이해하기가 어렵다는 판단을 했습니다. 그래서 생각해낸 것이 기차와 고속도로 톨게이트였습니다.

직렬연결은 KTX열차의 1번 칸에서 18번 칸으로 가려면 모든 칸을 거쳐 가야 되는 것에 비유했습니다. 모든 칸을 거친다면 가는 데 시간이 많이 걸립니다. 직렬연결도 이와 같습니다. 슈퍼컴퓨터는 컴퓨터가 여러 대 연결되어 있는데, 내가 보고 싶어하는 자료가 모든 컴퓨터를 거쳐 온다면 시간이 많이 걸릴 수밖에 없습니다. 이것을 기차에 비유해서 설명하니 이해하기 쉬웠다는 반응을 보였습니다.

병렬연결은 고속도로 톨게이트를 지나기 위해서 설치된 모든 게이트를 통과할 필요 없이 하나의 게이트만 통과하면 되는데, 이와 원리가 같습니다. 즉, 내가 보고 싶어하는 자료가 하나의 컴퓨터만 거쳐서 오면 되기 때문에 시간을 단축할 수가 있는 것입니다.

이 외에도 많은 부분을 일상생활에서 볼 수 있는 것에 비유해서 설명했습니다. 이렇게 쉽게 설명을 하다 보니 독자들이 이해하기 쉬웠다는 반응을 보였고, 내 책을 많이 선택하는 계기가 되었습니다.

혹자는 쉬운 글로 책을 쓰면 지식이 부족하다고 생각하는 경우가 많습니다. 실제도 내 주위에도 이런 사람이 있습니다. 이것은 편견입니다. 오히려 쉬운 글로 풀어쓰는 사람이 전공 분야에 대해서 잘 이해하고 있는 사람입니다. 내 전공에 잘 이해하는 사람만이 전공 용어를 이해하기 쉽게 풀어쓸 수 있는 것입니다.

이처럼 책을 쓸 때는 독자들의 눈높이에서 이해하기 쉬운 글로 쓰는 것이 무엇보다 중요합니다.

Part 4

'책 쓰기'의 궁극적인 목적은 '고객'의 인생을 바꾸는 것'이다

'책 쓰기'의 궁극적인 목적은
'고객'의 인생을 바꾸는 것'이다

나는 네이버 카페를 운영하고 있습니다. 내가 카페를 운영하는 이유는 카페가 나만의 '플랫폼'을 만드는 데 최적화되어있기 때문입니다. 나는 내가 만든 카페에 내가 가진 재능을 글, 사진, 동영상으로 올리고 있습니다. 카페는 '내 매장'과 다름없기에 관리를 소중히 합니다.

내가 카페를 운영하는 이유는 고객들의 소통을 용이하게 하기 위함입니다. 요즘은 누구나 네이버 아이디를 하나쯤은 가지고 있습니다. 이것을 통해 언제, 어디에서나 나를 만날 수 있게 하기 위함입니다.

그리고 '카페'는 열광적인 고객을 모으기에 최적화된 공간입니다. 이것은 스타를 좋아하는 사람이 '팬 카페'를 만들고 운영하는 것을 보면 알 수 있습니다. 그만큼 접근이 쉽다는 것입니다. '카페'는 나만의 제품을 팔기에 최적의 공간입니다. 내가 만든 매장에서는 얼마든지 나만의 제품 판매가 가능하지만 다른 사람이 만든 매장에서는 불가능한 경우도 있습니다.

나는 '내 카페'에 인공지능 시대에 맞는 '스몰 라이팅 (Small Writing) 책쓰기 코칭', '인공지능시대의 나만의 1인 출판 코칭' 등의 제품을 판매합니다. 럭셔리 제품은 가격이 싼 것은 아닙니다. 하지만 나는 럭셔리 제품을 구매한 사람에게는 인생이 변화될 때까지 책임을 지고 코칭을 합니다. 이 정도면 충분히 비용을 지불할 만하다고 생각합니다.

럭셔리 제품은 그 특성상 구매하는 사람이 소수입니다. 그래서 사람들이 '낮은 가격의 제품도 있어야 하는 것 아니냐'고 이야기합니다. 내 카페에는 낮은 가격의 제품도 있습니다. 하지만 궁극적인 목적은 럭셔리 제품을 판매하는 것입니다. 즉, 고객은 미래를 위해 투자를 하고 나는 투자의 효과를 몇 배 더 낼 수 있게 코칭을 해 줍니다. 이 정도면 투자할 가치가 있다고 생각합니다.

나는 럭셔리 제품을 통해 단순히 돈을 벌려고 하는 것은 아닙니다. 물론 돈 버는 것이 목적이 아니라면 그것은 거짓말입니다. 하지만 돈에 눈이 멀면 고객이 한 사람의 인격체가 아니라 나에게 돈을 갖다 주는 기계로 보입니다. 이렇게 되면 나와 고객 간의 신뢰가 무너져서 내 매장은 문을 닫을 수밖에 없습니다.

사업을 지속하고 고객의 신뢰를 유지하기 위해서는 럭셔리 제품이 고객의 인생을 바꾸는 매개체라고 생각해야 합니다. 나는 이 매개체의 가격을 낮출 수 없습니다. 고객은 투자한 금액이 높을수록 적극적으로 참여를 합니다. 적극적으로 참여하면 그만큼 얻어 가는 것도 많습니다.

나는 코칭을 하면서 책을 출간하고 인생을 바꾼 사람의 공통점에 대해서 살펴본 적이 있습니다. 이들의 공통점은 적극적으로 참여한 사람이었고, 투자한 금액이 높을수록 적극적으로 참여했습니다. 즉, 인생을 바꾸기를 간절히 원하는 사람은 많은 돈을 투자하고서라도 참여합니다. 나는 이들이 나의 열정적인 고객이라고 생각합니다. 그래서 성공할 때까지 책임지고 코칭을 해 주는 것입니다.

책 쓰기의 목적은 내가 '작가'가 되는 것도 있습니다. 궁극적인 목적은 '고객의 인생을 바꾸는 것'입니다. 그러기 위해서는 나만의 플랫폼을 만들고 독자들을 끝까지 책임지고 도와줘야 합니다.

신뢰할 만한 결과물을 만들어야
마니아 고객이 모인다

당신은 사람들에게 신뢰받는 결과물을 가지고 있습니까? '신뢰받는 결과물'은 전문가가 되고, 성공하기 위해서 필수적으로 갖춰야 합니다. '신뢰받는 결과물'이란 다른 사람에게 실체를 보여줄 수 있고, 검증된 것이어야만 합니다. 이 조건을 모두 충족하는 것이 '책'입니다. 최근 강연 의뢰가 들어오면 '전문가'에 걸맞은 결과물을 보여 달라고 하는데, 책만큼 효과가 좋은 것이 없습니다.

내가 전문가가 되는 방법으로 책 쓰기를 추천하는 이유는 책 쓰기가 가장 손쉽게 접할 수 있는 방법이기 때문입니다. 책 이외에도 방송, 강연 등이 있지만 이런 경우는 내가 하고 싶어서 하는 것이 아니라 상대가 불러줘야 합니다(유튜브와 같은 개인 채널이 아니라 KBS, MBC같은 방송). 반면에 책은 '내가 쓰고 싶으면 쓸 수 있다'라는 것이 장점입니다.

나는 블로그에 글을 쓰면서부터 '전문가'라고 말하고 다녔습니다. 하지만 주위의 반응은 차가웠습니다. 당장 내놓을 수 있는 결과물이 없었기 때문입니다. 물론 블로그를 보여 줄 수 있지만, 블로그는 결과물이 아니라 진행 중인 것이었고, 취미 삼아 했습니다. 그래서 다른 사람에게 전문가로 인정받지 못했습니다.

내가 전문가라고 외치고 다녀도 주위의 반응이 없어서 이 또한 부담되었습니다. 당시에는 나를 몰라주는 주변 사람을 원망했지만, 지금 생각해보니 '내가 내세울 것이 없었다'는 것을 알게 되었습니다.

그래서 나는 먼저 결과물을 만들겠다고 결심했습니다. 결과물이 있으면 주변 사람도 나를 인정해 줄 것으로 생각했습니다.

막상 결과물을 만들려고 하니 어떤 것을 만들어야 할

지 몰라 고민을 했습니다. 그러다가 지인이 '책을 써 보라'고 권유해서 책을 쓰기 시작했습니다. 책을 쓰기로 결심했지만 어떤 것을 써야 되는지부터 막히기 시작했습니다. 그때 떠오른 것이 '소통'이라는 단어였고 '소통'에 관한 책을 쓰기 시작했습니다. 그 결과 1년쯤 지난 뒤『소통, 경청과 배려가 답이다』(필명 '선태유'로 출간)라는 제목의 책이 나왔습니다.

첫 책이 출간되고 나서 책만 있으면 전문가가 될 것이라는 생각을 했지만, 주위 반응은 썩 좋지 않았습니다. 여기에는 책을 쓰는 과정에서 했던 큰 착각이 결정적이었습니다. 그것은 '책'이 신뢰받는 결과물이 되기 위해서는 '내 이야기'를 위주로 써야 한다는 것입니다.

『소통, 경청과 배려가 답이다』라는 책을 썼을 때는 이 사실을 깨닫지 못했습니다. 그래서 이 책에는 '내 이야기'보다는 다른 작가의 이야기가 더 많았습니다. 내 책에 내 이야기가 적다 보니 독자들은 '다른 사람의 책을 짜깁기한 수준의 책'이라고 생각했습니다. 이렇게 되는 그 누구도 나를 '전문가'로 인정해 주지 않았습니다.

이 사실을 깨닫고 두 번째 책에서는 내 이야기를 위주로 담았습니다. 게다가 이번 책은 내가 자신 있는 '인공지능'에 관한 책이어서 앞의 책보다 내 경험을 쓰는 것이 쉬웠습니다. 『소통, 경청과 배려가 답이다』에서는 다른 작가의 책에서 인용한 것의 비중이 컸다면, 두 번째 책인 『인공지능의 미래 사람이 답이다』(필명 '선태유'로 출간)에서는 내가 경험을 통해 깨달은 것을 많이 담았습니다.

'경험'이라는 것은 2002년 6월 친구들과 같은 장소에서 TV로 월드컵 경기를 본 것처럼 같은 경험을 할 수 있습니다. 하지만 그 속에서 깨닫는 것은 개인마다 차이가 있습니다. 그래서 책에는 경험을 통한 깨달음이 있어야 합니다. 이 '경험을 통한 깨달음'만이 나만의 특별한 것이 될 수 있습니다.

『인공지능의 미래 사람이 답이다』가 출간되면서 나는 자신 있게 이 책을 홍보했고, 이 책을 읽은 독자들은 나를 '전문가'로 인정을 해 주었습니다. 게다가 내 책을 본 주위 사람의 반응도 이전과는 달랐습니다. 이전에 나에게 질문이나 조언을 구하지 않았던 대학 교수와 의사가 나에게 조언을 구했습니다.

이것은 내가 '내 경험을 통한 깨달음'을 담은 책을 내면서 자연스레 '전문가'의 위치로 내 위치가 변했기 때문입니다. 내 위치가 변하다 보니 스스로 '전문가' 마인드를 가지게 되었습니다. 이것이 책이 나에게 준 큰 변화입니다.

책 쓰기로 '전문가'가 되면
다른 사람에게 도움을 줄 수 있다

책을 출간하면 다른 사람에게 '전문가'로 인정받을 수 있습니다. 여기서 나아가 다른 사람을 도와줄 수 있는 위치에 서게 됩니다. 나 역시 '차석호의 미래준비 독서 책 쓰기'라는 카페를 통해 다른 사람에게 도움을 주고 있습니다.

'전문가'라는 위치에 서게 되면 다른 사람을 도와주는 경우가 많습니다. 나 또한 다르지 않습니다. 그중 나는 나를 인정하고 내 책을 읽고 찾아온 고객에게 더 많은 도움을 줍니다. 내 책을 읽었다는 것은 책을 통해 나와 소통하고 나에 대해서 알고 있다는 것입니다. 이런 과정을 거쳐서 나를 찾아온 사람은 원하는 것을 자세하게 이야기합니다. 그래서 많은 도움을 줄 수 있습니다.

반면에 내 책을 읽지 않고 도움을 청하는 경우는 내가 어떤 분야의 '전문가'라는 것을 모르는 경우가 대부분입니다. 이 경우에는 나를 통해 정확히 어떤 도움을 받을지 명확하게 생각하지 않는 경우가 많습니다.

나는 책 쓰기 코칭을 하고 있습니다. 그렇다고 모든 분야의 책 쓰기를 코칭하지는 않습니다. 자기계발서, 에세이, 실용서에 대한 것만 하고 있습니다. 간혹 소설이나 시 등 문학 작품에 대한 책 쓰기 도움을 받고 싶어하는 사람이 있는데, 이들은 십중팔구 내 책을 읽지 않은 것입니다. 이런 사람에게 나는 많은 도움을 주고 싶어도 내 전문 분야가 아니기에 많은 도움을 주지 못합니다.

나는 도움을 주더라도 그냥 도움을 주지 않습니다. 그에 알맞은 수강료를 받고 있습니다. 내 도움은 몇 백만 원의 가치가 있는 '럭서리 도움'입니다. 물론 어떤 경우에는 적은 돈을 받고 도움을 주는 경우도 있지만, 이때는 그에 알맞은 도움을 줍니다. 이것은 대학 병원에서 권위 있는 교수에게 보다 많은 도움을 받으려면 특진비를 내는 것과 같습니다. 즉, 그만한 가치가 있기 때문입니다.

나는 내 고객에게 끝까지 도움을 주는 대신 고액의 수강료를 받는 이유는 '고객 맞춤형 도움'을 주기 때문입니다. 그리고 내가 만든 플랫폼에 그만한 가치가 있기 때문입니다.

내가 수강료를 받는 것은 내 코칭에 그만큼 돈을 지불하고 들을 가치가 충분하기 때문입니다. 워렌 버핏과 점심을 먹는 데 수십만 달러를 내고도 먹으려고 하는 사람이 많습니다. 그 이유는 버핏과 점심을 먹으면서 그의 지혜를 배울 수 있는 기회를 잡고 싶어서입니다. 특히 버핏에게 일대일로 도움을 받는 것은 더욱 가치가 있기 때문입니다.

내 플랫폼도 마찬가지입니다. 버핏과 먹는 점심 비용이 투자 비용이듯 내 코칭을 받는 것도 일종의 투자 비용입니다. 내 코칭은 투자 비용을 회수하는 것을 넘어 이익을 내는 방법까지 알려주기 때문에 수백만 원의 가치가 있는 것입니다. 이런 것은 내가 책을 내고 '전문가'가 되었기에 가능한 것입니다.

내가 전문가가 되지 않았다면 내 코칭에 고액을 매길 수도 없는 것이고, 그보다 나에게 도움을 청하는 사람이 없었을 것입니다.

'전문가'로 다른 사람에게 도움을 주는 것은 다른 사람이 성공할 수 있게 도와주는 것입니다. 즉, 성공할 때까지 책임을 지는 것입니다. 내 코칭을 받으러 오는 사람을 나에게 돈을 내는 기계로 생각하는 것이 아니라, 내가 진정 '저 사람의 인생을 바꾸기 위해 도움을 주겠다'라는 생각을 해야 합니다. 돈만 보고 코칭을 한다면 코칭의 효과는 없고, 도움을 받으러 오는 사람도 없어집니다.

책을 쓰고 다른 사람에게 도움을 준다는 것은 내가 '전문가'라고 해서 다른 사람을 깔보는 것이 아니라 내가 초보 시절 멘토에게 받은 것을 다른 사람에게 돌려주는 것이라 생각을 해야 합니다. 그래서 한 번 도움을 준다면 그 사람이 성공할 때까지 책임을 지고 도움을 줘야 하는 것입니다. 그래야 나를 찾아온 고객이 고액을 낸 것이 아깝지 않고, 진정한 '투자 비용'이라고 생각을 할 것입니다.

어떤 사람은 "플랫폼을 만들고 도움을 주는 데 고액으

로 하면 고객이 많지 않아서 운영이 어렵지 않느냐?" 묻기도 합니다. 나는 일반 고객도 고객이지만 '내 책을 읽고 도움을 청한 고객'이 더 소중합니다. 이들이야말로 진정한 내 고객이기 때문입니다.

책을 쓰고 '전문가'가 되어서 다른 사람에게 도움을 주고 싶은가요? 그러면 지금 즉시 책을 쓰시기 바랍니다. 그러면 현실이 됩니다.

4-4

물고기를 낚는 법을 알려주는 것이 도움을 주는 것이다

책을 출간하고 나면 다른 사람을 도와줄 수 있는 위치에 설 수 있습니다. 대표적인 것이 책을 통해 브랜딩 하는 것입니다. 나에게 도움을 청하는 사람에게 나처럼 책을 쓰고 전문가가 되는 방법을 알려주는 것이 도움을 주는 것입니다.

여기서 주의할 것은 도움이란 도움을 청하는 사람이 스스로 할 수 있도록 조력자가 되는 것이지 내가 그 사람을 대신해서 하는 것은 아닙니다. 내가 그 사람의 일을 대신하면 그 일은 내가 한 것이 되지 그 사람이 한 것이 되지 않습니다. 도움이란, 도움을 청하는 사람이 자립할 수 있게 해 주는 것입니다. 즉, 물고기를 잡아서 주는 것이 아니라 물고기 잡는 법을 알려 주는 것입니다.

책을 쓰기 위해 나를 찾아온 사람에게 스스로 책을 쓸 수 있는 방법을 알려 주는 것이 바로 물고기를 잡는 방법을 알려주는 것입니다. 이렇게 되면 처음 한두 번은 도움을 받지만 경험이 쌓이면 스스로 할 수 있습니다. 반면에 내가 대신해 주면 평생 그 사람은 스스로 책 한 권을 쓸 수 없습니다.

또 한 가지, 도움은 필요한 곳에 필요한 것을 해 주는 것입니다. 코로나19로 직접 가지 못하지만 선천적인 병이 있는 아이들을 돌보는 영아재활원에 한 달에 한 번 가서 도와주고 있습니다. 그곳의 복지사 대부분이 여성이라 여성분이 하기 힘든 일(이를 테면 장을 담는 옹기를 씻거나 옮기는 일)을 도와주고 있습니다. 도움이 필요한 곳에 필요한 도움을 주고 있습니다.

이와 마찬가지로 인생에 대한 도움, 특히 책 쓰기로 인생을 바꾸고 싶은 사람이 찾아온다면 그 사람에게 필요한 도움을 주는 것이 가장 좋습니다. 이런 도움은 내가 도움을 주고 싶어도 능력이 되지 않으면 도움을 줄 수 없습니다.

한 달에 한 번 봉사를 가는 영아재활원에서 특별히 컴퓨터 관련 도움을 주기도 합니다. 이것은 내가 컴퓨터 관련 전공을 했고, 컴퓨터에 대해서 잘 알기에 도움을 줄 수 있습니다. 만약 텃밭의 농사에 관한 도움이라면 농사 경험이 없어서 주고 싶어도 주지 못합니다. 이처럼 도움이란 내가 잘하는 것에 재능을 기부하는 것입니다.

책을 출간하고 브랜딩을 해서 플랫폼을 구축하는 것도 궁극적으로 다른 사람을 도와주는 것입니다. 내가 책을 출간하고 플랫폼을 구축하고 운영한 경험이 있다면 내 노하우를 전수해 줄 수 있습니다. 그렇다고 해서 도움을 요청한 사람의 플랫폼을 운영하는 것은 아닙니다.

초기에 플랫폼을 구축하는 것과 일정 기간 운영을 같이 하면서 노하우를 전수해주는 것이 이른바 물고기를 잡는 법을 알려주는 것입니다. 물고기를 잡는 방법을 알려줄 때 말이나 글로도 할 수 있지만 여기에 더해 물고기 잡는 것을 보여주면서 하는 것이 훨씬 큰 효과를 냅니다. 그래서 초기에는 책을 쓰는 것과 브랜딩, 플랫폼 구축은 같이하면서 노하우를 알려주고, 혼자서 할 수 있는 방법을 알려준 후에는 손을 떼는 것이 그 사람을 도와주는 것입니다. 물론 도움을 청하면 도와줘야 하는 것은 의무입니다.

이렇듯, 다른 사람을 도와준다는 것은 그 사람이 한 단계 더 업그레이드 할 수 있는 방법을 알려주는 것입니다. 방법을 알려주고 나면 실행을 하는 것은 그 사람의 몫이고, 조언을 구한다면 조언을 해 주는 것이 의무입니다. 이것이 책을 통해 다른 사람에게 도움을 주는 것입니다.

고객의 문제를 해결하는 내용이 있어야 한다

독자들이 책을 통해 얻으려고 하는 것은 크게 두 가지가 있습니다. 첫 번째는 책을 통해 '힐링'을 하기 위함이고, 두 번째는 책을 통해 '내가 원하는 것'을 얻고자 하는 것입니다. '힐링'이든 '원하는 것을 얻는' 것이든 이들의 공통점은 '책에 독자들이 원하는 것'이 있어야 합니다.

'힐링'을 목적으로 하는 책은 독자들에게 효과적인 힐링을 하는 방법을 제시해줘야 합니다. '힐링'을 하는 것이 좋다는 것은 누구나 알고 있지만, 구체적인 방법을 아는 사람은 많지가 않습니다. 특히나 나만의 힐링 방법을 알지 못하는 사람이 많기 때문에 나만의 힐링 방법을 찾을 수 있게 도와주는 책을 쓴다면 독자들에게 관심을 끌 수 있고, 궁극적으로 독자들의 선택을 받을 수 있습니다.

'실용서' 같은 경우, 독자들이 책을 선택하는 기준은 여러 가지가 있겠지만 궁극적인 것은 '내가 원하는 것'이 있느냐에 따라서 결정이 됩니다. 독자들이 입장에서 독자들이 원하는 것이 구체적으로 담긴 책을 선택하는 것은 인지상정입니다.

물론, '힐링'을 하는 책이든 실용서든 모든 독자를 만족시킬 수는 없습니다. 그래서 책을 쓰기 전에 주 독자의 타깃을 정하는 것입니다. 주 독자가 30~40대라면 이들의 '니즈(Needs)'와 '원츠(Wants)'를 알고 이에 맞는 책을 써야 합니다. 즉, 30~40대의 고민이 무엇이고, 이것을 해결하는 방법을 구체적으로 제시하는 방법으로 책을 써야 하는 것입니다.

독자들은 책을 통해 지금 내가 가지고 있는 고민을 해결할 방안을 찾거나 그 실마리를 찾고 싶어합니다. 책을 쓰는 사람은 이것을 제대로 알아야 합니다. 이것이 '원츠(Wants)'를 책에 담아야 하는 것입니다. '원츠'는 철저히 독자의 입장에서 독자가 원하는 것이 무엇인지 파악하는 것입니다. 독자 입장에서 '내 고민 해결 방안이나 실마리'가 '원츠'인 것입니다.

내 책『1년 100권 독서법』이나『스몰 리딩』은 독서를 할 수 있는 시간을 뺄 수 없는 사람들에게 효과적인 독서법을 제시하기 위한 목적으로 쓴 글입니다. 21세기를 살아가는 사람들에게 물어보면 독서가 좋은 것이라는 것을 알기는 하지만 정작 독서할 시간을 확보한다는 것이 여간 부담스러운 일이 아닙니다. 스케줄 조정 등 여러 가지 복잡한 과정을 거쳐야 하는 것이 가장 큰 이유입니다. 그래서 이들을 위해 스케줄의 조절할 필요 없이 자투리 시간을 활용해 하루 10분 정도 집중에서 꾸준히 읽는 방식을 '스몰 리딩'이라는 이름으로 제시했습니다.

하루에 자투리 시간 10분 정도는 누구나 확보를 할 수 있고, 마음만 먹으면 이 시간을 활용해서 책을 읽을 수 있습니다. 바로 이것이 독자의 '원츠'를 알고 원츠에 대한 답을 제시하는 것입니다.

이처럼 독자들의 원츠를 알고, 이에 대한 해답을 제시하는 책을 쓰면 독자들이 호기심을 갖고 내 책을 찾을 수 있습니다. 여기에 더해 나에게 직접 도움을 청할 수도 있기 때문입니다. 이것이 책에 고객의 문제를 해결하는 내용이 있어야 하는 이유입니다. 내 책의 고객은 '독자'라는 것을 명심하고 책을 쓰는 것이 그만큼 중요한 것입니다.

고객의 문제를 찾는 방법

책을 쓸 때 가장 중요한 것은 바로 고객의 '원츠(Wants)'를 알고, 이에 대한 해결책이나 해결의 실마리를 제공하는 것입니다. 즉, 고객이 '원츠'를 찾는 것이 가장 우선되어야 하는 것입니다. 그렇다면 고객의 '원츠'는 어떻게 찾을 수 있을까요?

고객의 '원츠'를 찾기 위해서는 내가 내 책의 첫 번째 고객이 되어야 합니다. 나는 『1년 100권 독서법』이나 『스몰 리딩』을 쓸 때 이 방법을 사용했습니다. 나는 직장생활을 하느라 책을 읽는 시간을 빼는 것이 부담스러웠습니다. 퇴근을 하고 집에 오면 피로 때문에 침대에 누워서 자기 바빴습니다. 그리고 직장에서 일을 하는 시간에는 독서를 할 수가 없었습니다. 이런 상황에서 독서를 할 수 있는 방법에 대해 고민했습니다. 이것은 현대인들이라면 공통적으로 하는 고민일 것입니다. 즉, 내가 하는 고민이 다른 사람이 하는 고민이 될 수 있는 것입니다.

나는 이 고민을 통해 자투리 시간을 활용해서 독서를 하는 방법을 생각했고, 실제 실행을 하고 효과를 봐서 책을 쓰게 된 것입니다. 여기에다 독서를 효과적으로 할 수 있는 시간으로 자투리 시간이 가장 좋은 시간이라 생각했습니다. 하루에 자투리 시간이 많지만 그중 독서를 효과적으로 할 수 있는 시간은 그다지 많지 않습니다. 그러던 중 내가 잠자기 전 시간과 출퇴근 시간을 활용해 보자고 생각했고, 이 시간을 활용해 독서를 했습니다.

내가 '하루에 조금씩 꾸준히 읽는 스몰 리딩'이라는 독서 방법을 찾게 된 것은 바로 내가 내 책의 독자가 되어 독자의 문제에 대해서 생각했기 때문입니다. 즉, 내가 내 책의 첫 독자가 되어 내가 쓸 책의 소재에 대한 것을 생각하면 독자들에게 전달하기 쉬운 책을 쓸 수 있습니다. 이 말은 내가 경험한 것을 글로 표현하는 것이 독자들에게

한 발 더 다가갈 수 있다는 것입니다.

책을 쓸 때 독자 즉, 고객의 문제라는 것은 글을 쓰는 작가의 문제이기도 합니다. 그렇기 때문에 독자와 작가를 떼 놓고 생각하는 것이 아니라 동일 선상에서 생각하는 것이 무엇보다 중요합니다. 그래서 작가의 경험이 곧 고객의 경험이고, 작가가 찾은 해결책이 고객에게 도움을 줄 수 있는 것입니다.

이처럼 내가 쓸 책에서 제시할 독자의 문제는 저 멀리 있는 것이 아니라 바로 나 자신에게 있는 것입니다. 그렇기 때문에 내가 내 책의 첫 독자가 되라는 것입니다. 내가 직접 독자의 마음에서 내 책을 바라보고, 고객(독자)에게 어떤 방법을 제시할 것인지 생각해야 하는 것입니다.

Part 5

책 쓰기가
내 인생의 터닝 포인트가
되었다

책 쓰기가 내 인생의 터닝 포인트가 되었다

누구나 인생에 있어서 터닝 포인트(Turning Point)가 존재합니다. 내 인생의 터닝 포인트는 책을 출간한 것입니다. 이전까지만 해도 나는 그 누구에게도 전문가로 인정받지 못했습니다. 물론 비아냥거리는 투로 '전문가'라는 말은 들었지만, 한 분야에 대해서 잘 아는 '전문가'라는 말을 듣지는 못했습니다.

내가 『인공지능의 미래 사람이 답이다』를 출간하고 나서 사람들에게 내 책을 보여주고, 때에 따라서는 사인을 해 준 것뿐인데, 사람들은 나를 '인공지능 전문가'로 인정해 주었습니다. 그중 가장 두드러진 변화는 대학교수, 의사 등의 사람들이 나에게 인공지능에 관련한 질문을 많이 하는 것입니다. 책을 출간하기 전까지는 내가 질문을 했으면 했지, 질문을 받아 본 적이 없었기에 어색했습니다.

그동안 제대로 된 질문을 받아보지 못했던 내가 다른 사람에게 질문을 받게 된 계기는 책을 출간했기 때문입니다. 책 출간으로 인해 전문가로 인정받고, 작가라는 이유로 질문을 많이 받았습니다. 이것이 내 인생에 있어서 전환점이었습니다.

책을 출간하고 얼마 되지 않은 시점에서는 질문을 받아도 답을 하는 데 애를 먹었습니다. 내게 익숙하지 않은 장면이라 어떤 식으로 대답을 해야 될지 몰랐습니다. 시간이 흐른 지금은 어떤 질문을 받아도 자신 있게 대답을 합니다. 게다가 내가 책을 출간한 작가라고 소개하고, 책 제목을 이야기하면 자연스레 책에 관련된 질문, 인공지능과 4차 산업혁명에 관한 질문을 자연스레 받고 있습니다. 이런 상황은 이전에는 상상할 수 없었던 상황이었습니다. 질문을 하는 위치에 있어도, 질문을 제대로 못 했던 사람이 바로 나였습니다. 이런 내가 변화한 것은 '책 출간'이 아니면 그 어느 것으로도 설명을 할 수 없습니다.

이처럼 나 차석호의 인생을 바꾸게 해 준 것은 책입니다. 책을 출간하고 '작가'라는 타이틀을 얻었고, 여기에 더해 전문가 특히 '인공지능 전문가'라는 이야기를 듣게 되었습니다. 이전과 현재를 비교해 보면 내가 가지고 있는 인공지능에 대한 지식은 차이가 없습니다. 이전에는 전문가로 인정받지 못했지만 지금은 전문가로 인정받는 것은 책을 출간했기 때문입니다.

누구나 한번씩은 내 인생을 바꾸고 싶다는 생각을 합니다. 그럼에도 불구하고 인생을 바꾼 사람은 소수에 불과합니다. 처음에는 이들이 특별한 존재라고 생각했습니다. 이제는 그들이 특별한 존재가 아니라 대부분의 사람이 인생을 바꾸는 방법을 모르기 때문이라 생각합니다. 방법만 안다면 할 수가 있는데 말입니다.

물론 인생을 바꿀 수 있는 방법을 안다고 해도 이것이 지식으로 남아 있으면 변화할 수 없습니다. 실행에 옮겨야 비로소 변화할 수 있습니다. 실행에 옮기는 방법 중 가장 쉬운 방법은 바로 '책 쓰기'입니다. 이것은 내가 보여줬기 때문에 자신 있게 말할 수 있는 것입니다. 훗날 뒤돌아봤을 때 이것이 내 인생의 터닝 포인트였구나 하고 생각하면서 흐뭇한 미소를 지으며 과거를 회상하시겠습니까, 아니면 후회하는 삶을 원합니까? 누구도 후회하는 삶을 원하지 않을 것입니다. 지금 바로 시작하기 바랍니다. 지금도 늦지 않았습니다.

책을 출간한 후 전문가가 되었다

얼마 전 한 대학병원의 안과 교수인 지인과 단 둘이서 이야기를 한 적이 있었습니다. 이야기의 주제는 '인공지능'이었습니다. 그와 나는 페이스북 친구였고, 내가 인공지능 관련 책을 낸 것을 알고 있습니다. 이 때문에 사적인 자리에서 '인공지능'에 관해서 물은 것이었습니다.

"혹시 빅 데이터를 구축해서 안과에 관련한 자료를 찾아볼 수 있는 프로그램을 만드는 것이 가능해?"

"예, 가능해요. 그런데 구체적으로 어떤 프로그램을 원하세요?"

"논문을 쓰거나 기타 여러 가지 이유로 자료를 많이 찾는데, 음성 인식을 통해서 찾으면 빠르고 효율적일 것 같다는 생각이 들어서 물어본 거야."

"이런 거라면 가능합니다. 물론 서울에 있는 업체 중에 할 수 있는 업체가 있는 걸로 알고 있어요."

"그래? 그러면 좀 알아봐 줄래?"

"알겠어요."

"그리고 또 하나 물어볼 게 있는데, 음성 인식 기술이 어느 단계까지 와 있는지 알고 있나?"

"표준어는 대부분 알아듣는데 아직 사투리는 못 알아들어요. 그런데 표준어 중에서도 '거시기'라는 말은 못 알아들어요."

"오케이. 그 정도면 되겠다."

그와 대화를 하면서 느낀 것은 나를 전문가로 인정해주고 있다는 것이었습니다. 전문가로 인정을 안 해줬다면 이런 질문 자체가 나오지 않습니다. 대개 컴퓨터 전공자에게는 내 컴퓨터의 인터넷 속도가 느리다, 프로그램이 설치되지 않는다는 등의 말을 합니다. 내가 이런 것을 아는 이유는 책 출간 전과 후에 주변 사람이 물어보는 내용이 차이가 있기 때문입니다.

나는 대학교 때 컴퓨터과학을 전공했고, 이때 전공 과목 중에 인공지능이 있어서 이 강의를 들은 후 인공지능에 관심을 가지고 공부했습니다. 대학교 졸업 후 일반 회사의 전산직 일을 했습니다. 사실 나는 인공지능에 관심이 있어서 좀 더 공부하여 관련된 일을 하고 싶었습니다. 하지만 당시 걸음마 단계인 인공지능은 관련 일자리가 없었기 때문에 IT회사에 취업을 했습니다. IT회사를 3년 정도 다니다가 옮긴 곳은 일반 회사였습니다.

IT회사가 아닌 일반 회사에서 전산직은 시스템을 관리하고, 프로그램을 수정하는 일을 주로 하는데, 그것보다 더 많이 하는 것이 따로 있습니다. 그것은 바로 동료들이 컴퓨터가 작동이 안된다고 전화를 하면 컴퓨터를 봐주는 것입니다. 윈도우나 한글, 오피스 등 프로그램을 다시 설치하거나 바이러스를 잡고 백신을 설치하는 등의 일이 더 많았습니다.

이런 일은 컴퓨터 전공이 아니라 컴퓨터에 조금만 관심이 있는 사람이라면 누구나 하는 일입니다. 또한 주변 사람과 일상대화에서도 하는 내용입니다. 책을 출간하기 전

이런 질문을 받으면 내가 전문가라는 생각이 전혀 들지 않았습니다. 물론 이런 것은 내 자존감 때문인지도 모릅니다. 그렇다 하더라도 주변 사람들은 단지 다른 사람보다 컴퓨터에 대해서 조금 많이 아는 사람으로 인식했지, 전문가로 인식하지 않았습니다.

하지만 책을 출간하고 나서의 반응은 이와는 달랐습니다. 인공지능에 대한 책을 쓸 정도면 관련 지식이 풍부하다고 생각한 것은 물론이고, 실제로 SNS에 관련 질문을 많이 했습니다.

이뿐만 아니라 오프라인 만남에서도 지인들은 나를 '인공지능 전문가'로 인정을 해주고 '인공지능'에 대한 질문을 했습니다. 이전 같았으면 대학교수에게 나를 소개해도 컴퓨터 전공한 사람 정도로 인식했다면, 책을 출간하고 나서는 '인공지능 전문가'로 인식하고 질문을 합니다. 이런 것이 가능한 데에는 무엇보다 책을 출간한 것이 가장 컸습니다.

5-3

나는 글쓰기에 두려움을 가지고 있었다

나는 책 읽기는 좋아했지만, 글을 쓰는 것은 두려워했습니다. 이것은 중학교 때 한 사건이 계기가 되었습니다. 중학교 시절 이문열의 『우리들의 일그러진 영웅』을 읽고 독후감을 써내라는 숙제를 내준 적이 있었는데, 이때는 책을 읽고 내가 느낀 것을 쓰는 것이 아니라 선생님이 원하는 느낌을 써야 했습니다. 당시 나는 선생님이 생각한 느낌을 적지 않았다고 공개적으로 망신(?)을 당한 적이 있었습니다. 이때 충격을 받아서 그 뒤로 글을 쓰는 것에 두려움이 있었습니다. 그래서 그 이후에도 글을 써 오라는 숙제를 내줄 때면 두려움이 앞섰습니다.

고등학교 시절에는 친구들에게 내색하지는 않았지만,

작문 시간에 글 쓰는 것이 두려웠습니다. 대학교에서 컴퓨터과학을 전공했기 때문에 글을 쓸 일이 별로 없었습니다. 전공 과제도 대부분 프로그래밍을 하는 것이어서 글쓰기는 아예 생각하지 않고 살았습니다. 게다가 나는 교양과목도 과학과 역사를 주로 신청해서 수강했습니다. 이 과목의 숙제는 대부분이 자료를 찾아오는 것이어서 글쓰기 능력과는 관계가 덜한 것이었습니다. 그런데 졸업을 앞두고 취업을 위해 자기소개서를 써야 한다는 것을 알고 입사원서 쓰는 것을 포기할까 하는 생각도 했습니다. 다행히 이때는 다른 사람의 도움으로 겨우 작성하기도 했습니다.

이것은 취업하고 나서도 달라지지 않았습니다. 취업도 전공에 맞춰 IT 직종으로 했습니다. IT 직종은 프로그래밍 하는 것이거나 전산 시스템을 관리하는 일이었습니다. 이런 일을 하면서 글을 쓰는 일은 거의 없었습니다. 물론, 일지를 작성하는 것은 있었지만, 이것은 있는 사실을 그대로 쓰면 되는 것이기에 부담이 덜 되었습니다.

이런 안도감도 잠시, 담당 부장님께서 오래된 시스템을

교체하는 일로 사장님을 설득하기 위한 기안서를 작성하라고 했습니다. 안 그래도 글 쓰는 데 두려움이 있는데 '상사를 설득하는 글을 써야 한다'라는 것이 나에게는 부담이었습니다. 그렇다고 해서 "쓰기 싫다"고 말할 수도 없었습니다. 그나마 다행인 것은 제출 기한이 여유가 있었기에 다른 사람에게 피드백을 받을 수 있었던 것입니다.

하루는 지인 중에 글을 잘 쓴다는 사람을 찾아가 조언을 구했습니다. 그때 들은 말이 "글은 계속 써야 실력이 는다"라는 것이었습니다. 이 말을 듣고 그에게 나는 솔직하게 트라우마가 있다는 것을 이야기했습니다. 내 말을 듣고는 "블로그에 글을 써 보라"고 권유했습니다.

안 그래도 글쓰기 트라우마가 있는 나에게 블로그를 해보라니. 기가 막힌 노릇이었습니다. 나는 솔직하게 두렵다고 말했습니다. 그러자 그는 "블로그 글은 전체공개로 할수 있고, 이웃이나 서로 이웃에게만 공개할 수도 있으니 부담은 안 느껴도 된다. 이것도 부담되면 굳이 공개하지 말고 나만 볼 수 있게 비공개로 하면 된다." 라고 했습니다. 그러고는 "네가 축구를 좋아하고, 지식도 있으니까 축구에 관한 것을 써 보라."라고 조언을 했습니다.

그의 말을 듣고 재미로 한다고 생각하고 블로그에 글을 올리게 되었습니다. 초기에는 글 쓰는 데 자신이 없고, 악성 댓글에 대한 두려움도 있어서 내 글을 비공개로 작성을 했습니다. 그러다가 내게 조언을 해줬던 지인에게 글을 보여주게 되었습니다. 그는 내 글을 읽더니 "못쓰는 것은 아닌데, 공개해도 될 것 같다."라는 말을 했습니다. 처음에는 주저하다가 석 달이 지나고 공개를 했습니다. 막상 블로그의 글을 공개했는데 악성 댓글은 달리지 않았고, 내 글에 관심이 적었습니다.

블로그의 글을 공개하고 반년 동안 글을 꾸준히 쓰다 보니 글을 쓰는 데 자신감이 생겼습니다. 이때부터 두려움이 극복되었습니다. 두려움을 극복하고 나니 나 자신의 발전을 위해 나만의 글을 칼럼 형식으로 써 보기로 했습니다.

블로그에 칼럼 형식으로 글을 쓰면서 블로그를 찾는 사람이 늘어났고, 댓글도 하나둘 늘어나기 시작했습니다. 댓글 중에는 악성 댓글도 있었지만, 그보다 응원하는 글이 많았습니다. 응원하는 댓글을 통해 글에 대한 자신감이 생기기 시작했습니다. 이때부터 글을 부정기적으로 쓰던 것을 일주일에 두 번 정기적으로 쓰게 되었습니다.

블로그에 정기적으로 글을 올리는 것을 1년 정도 하자 서로 이웃을 신청하는 사람도 늘어났고, 포털 사이트 네이버와 다음의 스포츠 메인화면에 내가 블로그에 작성한 글이 소개되기도 했습니다. 포털 사이트 메인화면에 내 글이 실린 것을 보고 '글쓰기도 계속하면 실력이 느는구나'라는 확신을 가지게 되었습니다. 이것을 계기로 글쓰기에 대한 두려움이 사라졌습니다.

이때 내가 깨달은 것은 선천적으로 글쓰기 능력을 타고나면 좋겠지만, 후천적으로 능력을 충분히 향상시킬 수 있다는 것입니다. 당신도 나처럼 글쓰기에 능력이 없거나 두려움을 가지고 있습니까? 두려움을 떨쳐 버리려면 부딪치는 수밖에 없습니다. 지금이라도 늦지 않습니다. 지금 두려움을 떨쳐 버리고 글쓰기를 시작해보십시오.

책 쓰기 전 내 인생은 평범했다

책을 네 권 출간한 '작가'라고 나를 소개하면 특별한 인생을 살았을 것이라 생각을 합니다. 하지만 책을 쓰기 전의 인생은 IMF시대에 대학교를 입학했던 여느 사람과 마찬가지였습니다.

정부가 보유한 외화가 부족해 IMF(International Money Fund; 국제통화기금)에 구제금융을 신청했던 그해 나는 고3이었습니다(외화가 부족하면 수출·입, 특히 수입할 때 대금 결제가 어려운 상황에 놓이게 됩니다). 인문계 고등학교를 다닌 또래처럼 수능에 응시했고, 수능 성적에 맞춰 대학과 학과에 지원했습니다. 조금 다른 것이라면 고등학교 시절 문과였는데, 대학교는 컴퓨터과학과에 지원한 것이었습니다.

사실 수능 성적이 나오고 아버지께서 재수를 하라고 권했지만 1년 더 공부하는 것이 싫어서 안 한다고 했습니다. 표면적으로는 재수를 해도 성적이 잘 나올 자신이 없다는 것이었지만 친한 친구들이 아무도 재수를 선택하지 않았기에 이들과 어울려 놀고 싶어서였습니다.

고등학교를 졸업하고 대학교를 가서도 친한 친구들이 같은 지역에 있는 학교에 진학해서 그들과 어울려서 노는 생활을 했습니다. 이런 내가 책을 내고 작가가 된 것에 많이 놀라워 합니다. 그도 그럴 것이 고등학교 시절 작문 시간에 내준 숙제노트에 빨간 줄이 많이 그어져 있는 것을 친구들이 보았기 때문입니다.

작문시간에 숙제로 내준 글에 빨간 줄이 그어져 있다는 것은 누가 봐도 글쓰기 실력이 좋지 않았다는 것입니다. 이것은 나도 잘 알고 있었던 것이라 글을 쓰고 책을 낼 것이라 생각을 하지 않았습니다.

게다가 대학교도 컴퓨터과학을 전공했습니다. 전공수업 과제는 프로그래밍을 하는 것이 90% 이상이었고, 나머지도 자료를 조사하는 것이어서 글을 쓸 일이 없었습니다. 그리고 교양 수업도 역사와 과학 중심으로 수강을 했기 때문에 자료를 찾는 과제가 많았습니다. 그러니 제대로 글을 쓸 기회조차 없었습니다. 물론 대학교 때 글쓰기를 전혀 배운 적이 없는 것은 아니지만 이메일을 보낼 때 쓰는 글쓰기 정도여서 큰 부담이 되는 것이 아니었습니다.

대학교를 졸업하고 취업한 첫 직장은 IT회사였고, 기술직 일을 해서 글을 쓸 기회가 없었습니다. 고객이나 거래처에 이메일을 보낼 때를 제외하고는. 그래서 글을 쓰는 것이 나와는 다른 세상의 일이라 생각을 했고, 첫 직장에서는 글을 쓰는 일이 없었습니다.

이것이 첫 직장에서 퇴사하고 두 번째 직장에서 일을 하면서 상황이 바뀌었습니다. IT 담당으로 들어가서 글을 쓰는 것보다 프로그래밍이나 다른 동료들이 컴퓨터가 이상이 있을 때 간단한 문제는 해결해 주는 정도의 일이 더 많았습니다.

하루는 오래된 회사 전산 시스템을 교체하기 위해 기안서를 작성하라는 부장님의 지시를 받았습니다. 초안을 작성하고 다섯 번가량 퇴짜를 맞은 후 입사 동기에게 부탁

해서 겨우 완성을 했습니다. 나는 이럴 정도로 글쓰기 실력은 형편없었습니다.

그러던 어느 날 나는 몸이 좋지 않았고, 정신적으로도 지쳐 있었습니다. 당시 내 성격이 스트레스를 받으면 잘 해소하지 못해서 쌓이는 편이었습니다. 그러다 보니 짜증도 내고, 언쟁을 벌이는 등 상사가 보기에 안 좋은 행동을 하기도 했습니다. 이것이 있고 난 후 6개월 가량 지난 시점에서 '이 일을 계속하다가는 내 몸이 망가지겠다'는 생각을 했고, 다른 일을 찾기 시작했습니다. 여기에 더해 일요일이나 휴일에도 일을 하는 것 때문에 연애도 못 한다는 생각이 들어서 다른 일을 알아보게 되었습니다.

그러던 중 한 작가를 만나서 책 쓰기 강의를 듣게 되었습니다. 처음에는 글을 못 써서 나와는 다른 세상 이야기 같았습니다. 그래서 포기하려고 생각했지만, 100만 원이 넘는 돈을 수업료로 내서 끝까지 들을 수밖에 없었습니다.

이때 그가 과제를 많이 내줬는데, 초반에는 글을 못 쓴다는 말을 들었습니다. 그래서 포기하려고 했지만 낸 돈도 있고, 같이 수업을 들은 지인을 봐서도 포기할 수 없었습니다.

글을 계속 쓰다 보니 글쓰기 실력이 늘었다는 말을 듣게 되었고, 이때 비로소 책을 쓰기로 결심했습니다. 그 결과 '선태유'라는 필명으로 『소통, 경청과 배려가 답이다』를 출간하게 되었습니다. 이것이 퇴사하기 두 달 전의 일이었습니다.

이때부터 '작가'라는 말을 듣게 되었습니다. 그 전까지는 내 글 실력에 의문을 가졌습니다. 책 쓰기 과정을 통해 내가 초반에 쓴 글과 후반에 쓴 글을 비교해보니 내가 봐도 실력이 향상된 것을 확인할 수 있었습니다. 이때부터 '계속 책을 출간하겠다'는 생각을 가졌습니다.

글쓰기에 두려움이 있었고, 글쓰기 실력이 형편없었던 나도 책을 출간했습니다. 책 쓰기는 누구나 할 수 있습니다.

책 쓰기를 통해 많은 것을 얻었다

나는 책을 출간한 후 많은 것을 얻었습니다. 대표적인 것이 '작가'라는 호칭인데요, '작가'라는 호칭은 단순한 직업의 하나인 '고유명사'가 아니라 여러 가지를 내포하고 있었습니다. '작가'라는 호칭의 숨겨진 의미는 '전문가'라는 것입니다.

사람들은 책을 출간하면 해당 분야의 전문지식과 경험이 있다고 인정을 해줍니다. 그 이유는 '책'이라는 결과물이 있기 때문입니다. 그전에는 내가 아무리 '전문가'라고 말을 해도 진짜로 '전문가'라고 생각해주는 사람은 거의 없었습니다. 하지만 책을 출간하고 난 후 내가 말을 하지 않아도 책이 있으니 전문가라고 인정을 해줍니다.

이것을 가장 강하게 느낀 것이 『인공지능의 미래 사람이 답이다』라는 책을 출간하고 나서였습니다. 이전까지 내가 아무리 '인공지능'에 관해서 알고 있다고 말을 해도 누구 하나 이에 관해서 이야기를 듣거나 질문을 하는 사람이 없었습니다. 그도 그럴 것이 나는 '컴퓨터과학'을 전공한 것 이외에는 내세울 것이 없었기 때문입니다. 하지만 책을 출간하고 나서는 달라졌습니다.

단순히 작가라고 소개하고 내가 쓴 책을 소개만 했을 뿐인데도 사람들의 반응은 이전과는 달랐습니다. 대표적인 것이 이전과는 다르게 질문을 많이 받은 것입니다. 특히 책의 내용과 관련한 질문이 많았습니다. 특히 알파고 등장 이후 '인공지능의 미래', '인공지능으로 대체되지 않는 직업' 등 인공지능 시대에 관련된 질문을 많이 받았습니다. 이렇게 내가 질문을 받게 된 데에는 내 책의 역할이 컸습니다. 책 때문에 자연히 전문가로 인정을 받았습니다.

얼마 전 한 인터넷 언론사 대표님과 만난 적이 있습니다. 이 자리에서 그는 대뜸 "인공지능으로 인해 많은 일자리가 사라지고 있는데, 인간이 할 수 있는 일자리가 있을까요?"라는 질문을 했습니다. 저는 이 질문에 "창의력을 요구하는 자리는 인간만이 할 수 있고, 대체되지 않을 것입니다"라고 자신 있게 말을 했습니다.

내가 언론사 대표와 만난 자리에서 이런 대화를 할 수 있었던 데에는 책이 큰 역할을 했습니다. 책이 없었다면 그가 나를 '인공지능 전문가'로 인정을 하고 그에 걸맞은 질문을 했을까요? 아마도 그렇지 못했을 것입니다.

책으로 인해 전문가로 인정받고 난 뒤 나에게는 또 다른 변화가 있었습니다. 그것은 바로 자신감입니다. 책을 출간하고 나서 나는 자신감 있게 사람들에 다가가기 시작했고, 특히 질문에 대한 답을 할 때 자신 있게 대답을 하게 되었습니다.

책을 출간하기 전에 나는 소심한 사람이었습니다. 다른 사람이 나에게 질문을 하는 것에 두려움을 가지고 있었습니다. 자신 있게 말할 자신이 없었습니다. 그러다 보니 목소리에도 힘이 없었습니다. 그래서 다른 사람에게 신뢰를 받지 못했습니다. 게다가 나는 조리 있게 말을 하는 편이 아니었습니다. 학창 시절이나 회사를 다닐 때나 사람들이

"네 말을 이해하지 못하겠다."라는 말을 했습니다. 이것의 영향 때문에 다른 사람의 질문에 답하는 것에 두려움을 가지고 있었습니다.

그러던 것이 책을 출간하고 난 뒤 상황이 바뀌게 되었습니다. 책을 출간하고 나니 '전문가'라는 타이틀이 붙었습니다. 그래서 전문가답게 답할 필요성을 느끼고 자신 있게 답하기 시작했습니다. 지금은 어떤 질문이 들어와도 자신 있게 답할 수 있게 되었습니다. 이 모든 것이 책을 출간하고 난 이후의 일입니다.

나에게는 책 출간이 인생의 전환점이었습니다. 인생에서 가장 빠른 시기는 '바로 지금'입니다. 이제 당신이 인생을 바꿀 차례입니다.

5-6

당신도 책 쓰기를 통해 인생을 바꿀 수 있다

나는 책을 출간하기 전까지는 평범한 직장생활을 했습니다. 월급 90만 원을 받고 다른 회사에 파견 나가는 용역직으로도 일을 해봤고, 특별한 일이 없으면 정년이 보장되는 회사에서도 근무를 했습니다.

직장생활을 하는 동안 내 잘못으로 인해 파견 나간 회사 직원과 다툰 적도 있고, 상사와 다툰 적도 있습니다. 이런 일이 있었지만 기본적으로 나는 내가 맡은 일은 최선을 다해왔습니다(그렇다고 다툼이 정당화 될 수는 없는 것이고, 내 잘못이 큽니다). 그것이 보는 사람마다 판단은 달리하겠지만, 나는 기본적으로 최선을 다했습니다. 이 과정에서 부족한 부분도 있었고, 내 적성에 맞지 않는 부분도 있었습니다.

특히 내 적성에 맞지 않은 일을 할 때는 자주 회의감이 들었습니다. 특히 전공과 맞지 않는 일을 할 때는 더더욱 그랬습니다(이런 상황을 만든 것은 전적으로 내 책임이 가장 큽니다). 이 일을 2년가량 하다 보니 실패를 하는 한이 있더라도 내가 하고 싶은 일을 하고 싶다는 생각이 들었습니다. 그래서 사표를 쓰고 나왔습니다.

사표를 쓰기 한 달 전, 나는 선태유라는 필명으로 『소통, 경청과 배려가 답이다』라는 책을 자비로 출간했습니다. 자비출간이긴 했지만 책을 출간하고 '작가'라는 말을 들었을 때 가장 뿌듯했습니다. 혹자는 '자비출판으로 출간한 것이 뭐가 대단한 것이냐?'라고 반문할지 모르겠지만, 이것이 없었으면 세 권의 책을 더 출간할 수도 없었고, 작가의 삶을 살아갈 수도 없었을 것입니다. 게다가 내가 내 책으로 브랜딩을 하고, 플랫폼을 구축해서 책을 쓰고 싶은 사람들에게 도움을 줄 수도 없었을 것입니다.

책을 쓴다는 것은 단순하게 책 한 권을 쓴다는 것 이상의 의미를 지닙니다. 기본적으로 '작가'라는 타이틀이 붙고, 전문가로 인정을 받습니다. 나는 『인공지능의 미래 사람이 답이다』를 출간하고 난 후 대학교수, 의사, 개인사업자 등 다양한 사람들에게 인공지능 관련 질문을 받았습니다. 책을 출간하기 이전에는 아무리 내가 컴퓨터과학을 전공했고, 인공지능을 공부했다고 해도 거들떠보지도 않았는데 상황이 바뀐 것입니다.

특히 『인공지능의 미래 사람이 답이다』를 출간하고 그들에게 보여 준 후로는 상황이 완전히 달라졌습니다. 내게 도움을 받은 사람이 다른 사람을 소개시켜주기도 하고 강연을 요청받기도 했습니다. 이것이 내가 책을 쓰지 않았다면 상상 속에서나 가능했던 일이었을 것입니다.

이런 과정을 겪으면서 '책'이란, 단순히 종이와 글자로 된 것이 아니라 내가 한 것을 인정받을 수 있는 도구라는 것을 깨달았습니다. 그래서 자비출판으로 첫 책을 출간 후 계속해서 책을 출간할 수 있었던 것입니다.

누구나 인생을 변화시켜보겠다는 생각을 가지고 있습니다. 하지만 이를 실행으로 옮기고 결과를 낸 사람은 소수에 불과합니다. 그 이유는 방법을 알지 못했기 때문입니다. 인생을 변화시키는 여러 가지 방법이 있지만 그중 책 쓰기는 시간이 많이 들지 않으면서 효과적인 방법입니다. 게다가 누구나 할 수 있는 방법입니다. 글쓰기에 트라우마가 있던 나도 해냈습니다. 이제는 당신 차례입니다. 지금 바로 시작하시면 인생을 변화시킬 수 있습니다.

'책 쓰기', 내 인생을 바꾸는 시작점이다

책을 쓴다는 것은 내 생각, 내 경험을 다른 사람에게 글로 보여주는 것입니다. 그리고 '작가'라는 타이틀을 얻는 것이기도 합니다. 이것은 직접 눈으로 볼 수 있는 '책 쓰기'의 효과입니다. '책 쓰기'의 효과는 이것보다는 눈에 보이지 않는 효과가 더 큽니다.

'책 쓰기'의 가장 큰 효과는 책을 쓰고 출간함으로써 이것이 내 인생의 터닝 포인트가 되는 것입니다. 예나 지금이나 책을 쓴 '작가'라고 하면 주위 사람들이 보는 시선이 달라집니다. 그동안 했던 자신의 직업보다 더 높게 바라보는 경우가 있습니다. 물론 회사의 CEO나 의사 같은 특별한 경우가 있긴 하지만 대부분은 작가라면 바라보는 시선이 다르다는 것을 느낄 수가 있습니다.

나 역시 '컴퓨터 프로그래머', '시스템 관리자'라고 소개할 때보다 '작가'라고 소개할 때 주위 사람들의 반응이 더 좋았습니다. 말로만 듣던 작가를 바로 앞에서 볼 수 있다는 색다른 경험을 한다는 것이 그것입니다. 그리고 '작가'라고 하면 주위에서 먼저 손을 내밀 때도 있습니다.

얼마 전 모 대학 병원 교수님이 AI를 활용해서 자료를 찾는 프로그램이 필요하다고 하면서 조언을 구한 적이 있습니다. 그가 나에게 조언을 구한 것은 『인공지능의 미래 사람이 답이다』라는 책 때문이었습니다. 이 책을 읽고 인공지능에 관심을 보였고, AI 기반의 음성인식 검색 시스템에 대해서 이야기할 수 있었습니다.

또 한 번은 스마트 팜에 대해서 관심 있는 분을 한 모임에서 만났을 때였습니다. 내가 『인공지능의 미래 사람이 답이다』라는 작가라고 소개하자 표정이 바뀌며 자신이 '스마트 팜'에 관심이 있다며 이것저것 묻기도 했고, 그 뒤로도 지금까지 연락을 하고 있습니다.

이런 것을 겪고 나니 '만약 내가 책을 쓰지 않았다면 그들의 반응이 어땠을까'라는 생각을 해봤습니다. 지난 경험에 비추어 봤을 때, 내가 프로그래머이고 인공지능에 관심이 있다고 말하면 그냥 한 번 눈길을 주었을 뿐 이런저런 조언을 구하지 않았을 것입니다. 물론 여기에는 내 책이 다른 사람의 책을 짜깁기 하지 않고, 나만의 시선과 생각으로 써야 한다는 것이 전제가 되어야 합니다. 이것이 없다면 책 출간 전과 후의 상황은 거의 변하지 않습니다. 즉, 다른 사람의 책이나 자료를 참고하되 나만의 시선으로, 나만의 언어로 책을 써야 한다는 것입니다.

대부분 사람들이 자신의 인생을 바꾸고 싶어합니다. 내 인생을 바꾸는 방법은 여러 가지가 있고, 그중 가장 원하는 것이 지금보다는 업그레이드 된 인생을 살고 싶어합니다. 나 역시 그랬습니다. 그러기 위해서는 터닝 포인트가 필요하고, 다른 사람에게 보여줄 수 있는 것이 필요합니다. 이것이 눈에 보이는 것이고, 공인된 것이라면 더할 나위 없이 좋습니다. 이런 점에서 내가 쓴 책은 가장 좋은 인생의 터닝 포인트가 될 수 있습니다.

책을 쓴다는 것은 내 인생을 완성시키는 것이 아니라 내 인생의 새로운 시작입니다. 이것을 발판 삼아 계속 업그레이드 한다면 훗날 내 인생을 돌아봤을 때 책을 낸 것을 정말 잘한 일이라고 생각할 것입니다. 그렇기 때문에 나는 지금 당장 책 쓰는 것을 시작하라고 말하는 것입니다.

4차 산업혁명 시대,
AI로 대체되지 않는 삶을 살자

요즘 식당이나 커피숍 등에 가 보면 주문을 받고 계산을 하는 사람이 없는 곳이 많습니다. 이제 이 일은 '키오스크'라고 하는 기계가 대신하고 있습니다. 이뿐만 아니라 무인 편의점도 계속 생겨나고 있습니다. 이 말은 '이전에 인간이 하던 일이 이제는 기계로 대체되고 있다'는 신호입니다.

이런 현상이 두려운 것은 지금보다 더 많은 분야에서 인간이 하는 일이 기계로 대체되는 상황이 온다는 것입니다. 인간이 하는 일을 기계가 대체할수록 인간의 일자리는 줄어들 수밖에 없습니다.

이런 상황에서 우리는 인간만이 할 수 있는 일을 찾아야 합니다. 이 말은 AI로 대체되지 않는 삶을 살아야 한다는 것입니다. AI로 대체되지 않는 삶을 살기 위해서는 AI로 대체되지 않는 일을 해야 합니다.

4차 산업혁명 시대에도 AI로 대체될 수 없는 것은 결국 '전문가'입니다. 나는 대학교 때 컴퓨터과학을 전공하고 인공지능에 관심이 많아서, 관련 지식을 습득하고 관련 책(필명 '선태유'로 출간한 『인공지능의 미래 사람이 답이다』)을 출간했습니다. 내가 『인공지능의 미래 사람이 답이다』라는 책을 출간한 이유는 독자들에게 '4차 산업혁명 시대'에도 AI로 대체되지 않은 일자리가 있다는 것을 알려주기 위해서였습니다.

4차 산업혁명 시대에 AI로 대체되지 않는 일자리는 깊이 있는 지식을 요구하는 분야입니다. 다시 말해 '전문가'입니다. 전문가는 왜 AI로 대체되지 않을까요? '전문가'는 깊이 있는 지식과 자신만의 독특한 결과물을 가지고 있기 때문입니다. 여기서 '자신만의 결과물'이란 내가 경험을 통해 깨달은 것을 말합니다. 전문가가 되기 위해서는 나만의 결과물이 있어야 합니다.

여기서 많은 사람이 '나만의 독특한 결과물'을 내는 것은 '특별한 사람'만이 할 수 있다고 생각합니다. 물론 얼마 전까지는 이것이 맞는 말이었지만 지금은 시대가 변했습니다. 지금은 누구나 자신만의 결과물을 만들 수 있습니다. 이것이 가능한 이유는 바로 누구나 책을 쓸 수 있기 때문입니다. 책을 써서 전문가가 될 수 있는 것입니다.

주변 사람에게 보여줄 수 있는 결과물 없이 '내가 이 분야의 전문가'라고 이야기하면 그들이 어떻게 생각할까요? 결과물이 없으니 검증할 방법이 없어 '전문가'라고 생각을 하지 않습니다. 반면에 내가 작가이고 내 책을 보여준다면 어떤 반응을 보일까요? 바로 전문가로 인정을 합니다. 이것은 '책'이라는 결과물이 있기 때문입니다.

나 또한 마찬가지였습니다. 『인공지능의 미래 사람이 답이다』라는 책이 나오기 전부터 블로그에 '인공지능' 관련 글을 올렸습니다. 이때만 해도 '전문가인 척 하지 마라', '네가 뭔데 전문가 사칭을 하냐'라는 댓글이 많았습니다.

처음에는 이들의 댓글에 그동안 공부한 지식으로 대응했지만, 반응은 싸늘했습니다. 그러던 것이 책을 출간한 후부터는 바뀌게 되었습니다.

작년에 알게 된 한 대학교의 국제통상학과 교수님께 처음 만난 자리에서 '작가'라고 소개하고 내 책을 선물했습니다. 교수님은 내 책을 보자마자 놀라워하며 '인공지능'에 관해 이것저것 물어보기 시작했습니다. 이때 나는 '내가 전문가로 인정받고 있구나'라고 느꼈습니다.

대학 교수가 일개 학사 학위를 가지고 있는 사람에게 질문을 할 수 있을까요? 거의 하지 않습니다. 그가 나에게 질문을 한 이유는 내 책 때문이었습니다. '책'이라는 결과물로 인해 전문가로 인정받을 수 있었던 것입니다. 그렇다면 왜 책을 출간하면 전문가로 인정받을까요?

그 답은 '책'에 '내 경험을 통한 깨달음'이 담겨 있기 때문입니다. 이것이 AI가 책을 쓸 수 없는 이유이기도 합니다. AI는 경험을 할 수 없기 때문에 깨달을 수 없습니다. 또한 '나만의 깨달음'은 그 누구도 대체하지 못하기 때문에 똑같은 내용의 책을 쓸 수 없는 것입니다.

내가 경험하고, 이것을 통해 깨달은 것을 책으로 출간하면 바로 이것이 결과물이 되는 것입니다. 나만의 결과물을 내는 것은 창의성과 연관됩니다. 창의성은 경험을 통한 깨달음이 필수여서, 이것은 AI가 할 수 없습니다. 게다가 창의성은 개인마다 다르게 나타날 수 있는 것입니다.

책은 사람들이 가장 신뢰할 수 있는 것이기에 책을 출간함으로써 전문가가 될 수 있는 것입니다. 하지만 내 경험을 통한 깨달음이 없으면 전문가로 인정받을 수 없습니다. 책을 통해 전문가로 인정받을 수 있는 요소가 내 경험과 깨달음이기 때문입니다.

이렇게 이야기하더라도 대부분은 '나만의 특별한 경험과 깨달음'이 없다고 생각을 합니다. 이것은 깊이 생각해 보지 않았기 때문입니다. 신은 인간에게 각자 잘하는 것을 하나씩 주었습니다. 즉, 내가 잘하는 것을 책으로 쓰면 전문가로 인정받을 수 있는 것입니다.

내가 코칭을 해준 사람 중에는 펜으로 글을 쓰는 것을 좋아하는 사람이 있습니다. 특히 메모 할 때 그는 만년필을 사용합니다. 이것을 통해 나는 그에게 펜 메모에 관한 책을

써 보라고 권유했고, 그 결과『펜 메모 덕후의 아날로그 집
중력 도구』라는 책을 출간하게 되었습니다. 이처럼 잘 생각
해보면 내가 좋아하는 것, 내가 잘하는 것을 찾을 수 있습
니다. 이 과정을 거치면 누구나 책을 쓸 수 있습니다.

　나는 내가 자신 있는 '인공지능'으로 책을 출간했고, 이를
통해 전문가로 인정받았습니다. 이제는 당신 차례입니다.